Alta cocina en tu mesa

LE CORDON BLEU®

Alta cocina en tu mesa

Aprende a cocinar con los chefs de Le Cordon Bleu

Ariel

Obra editada en colaboración con Editorial Planeta -España

Diseño y maquetación de interior, María Pitironte
Diseño de la portada, Planeta Arte & Diseño
Fotografía de la portada, Fernando Ramajo
Realización de las recetas, Le Cordon Bleu
Fotografías de las recetas, Fernando Ramajo/ Espasa Libros, S.L.U.

Bajo el sello editorial ARIEL M.R.
Avenida Presidente Masarik núm. 111,
Piso 2, Polanco V Sección, Miguel Hidalgo
C.P. 11560, Ciudad de México
www.planetadelibros.com.mx
www.paidos.com.mx

Primera edición impresa en España
ISBN: 978-84-670-4670-0

Primera edición impresa en México: septiembre de 2023
ISBN: 978-607-569-537-2

Impreso en los talleres de Litográfica Ingramex, S.A. de C.V.
Centeno núm. 162-1, colonia Granjas Esmeralda, Ciudad de México
Impreso en México – *Printed in Mexico*

Índice

Prólogo
9

Introducción
10

Entrantes
13

De la huerta
67

De corral y campo
97

Del mar
135

Postres y meriendas
167

Panes
257

Técnicas saladas
289

Técnicas dulces
329

Glosario
338

Cuchillos
342

Índice alfabético
344

Agradecimientos
348

Prólogo

La experiencia de acercarse a la alta cocina por primera vez es apasionante.

Nuestros libros, al igual que nuestra propuesta formativa, comparten una visión de la cocina donde el dominio de la técnica es el eje del aprendizaje.

Conocer los códigos y la base de la cocina es lo que nos ha permitido evolucionar y perseguir nuevos retos, adaptándonos a las necesidades del sector y dando respuesta a los desafíos de la gastronomía en cada momento.

Le Cordon Bleu lleva más de 125 años contando con los mejores para poner toda su experiencia y conocimiento al servicio de los profesionales del sector; recuperando los fundamentos de la cocina como punto de partida y apostando por la investigación como garantía de desarrollo.

La alianza con instituciones universitarias, como la Universidad Francisco de Vitoria en España, el Birkbeck College en Inglaterra, la Université Paris-Dauphine en Francia o la Universidad Anáhuac en México ha permitido a Le Cordon Bleu convertirse en líder internacional en formación culinaria y conseguir uno de sus objetivos más ambiciosos: llevar la gastronomía al ámbito universitario mediante la creación de diferentes programas de grado, posgrado e investigación. La búsqueda de la excelencia y una visión de desarrollo personal basada en el emprendimiento y el servicio a la sociedad son esenciales en nuestro compromiso con la gastronomía.

Como parte de este compromiso, Le Cordon Bleu propone un nuevo reto a aquellas personas que quieren aprender a cocinar a otro nivel, de forma práctica y real.

Bienvenido al mundo de la técnica y el saber culinario de la mano de *Alta cocina en tu mesa*.

André J. Cointreau

Presidente de Le Cordon Bleu Internacional

Introducción

LE CORDON BLEU,
PASADO Y PRESENTE DE LA COCINA

Fundado en París en el año 1895, Le Cordon Bleu es el grupo educativo líder en gastronomía, restauración y hotelería en el mundo. Actualmente cuenta con más de treinta y cinco escuelas en más de veinte países y una comunidad estudiantil de más de veinte mil alumnos de un centenar de nacionalidades.

Sus programas, orientados a las exigencias de la alta cocina internacional, enseñan a los estudiantes una base sólida que les permite desarrollar su potencial y su creatividad en una de las etapas más importantes de su carrera: la formación.

EL EQUIPO DE CHEFS

Le Cordon Bleu cuenta con un equipo internacional de más de doscientos chefs profesores con una extensa trayectoria. Todos ellos comparten un objetivo, todavía más ambicioso que los premios y reconocimientos obtenidos en sus carreras: formar a los grandes profesionales del futuro de la cocina. De alguna forma, han contribuido a convertir Le Cordon Bleu en lo que es hoy: una escuela internacional líder en alta cocina con más de ciento veinte años de historia.

Los equipos de Madrid, París y Londres han desarrollado las recetas que vas a encontrar aquí, para que puedas disfrutar de una experiencia de alta cocina a tu medida.

Durante meses, la sede de Le Cordon Bleu Madrid se ha convertido en el laboratorio de este libro. Los chefs que han dado vida a los platos son: Erwan Poudoulec, Yann Barraud, David Millet, Franck Plana, Víctor Pérez, Carlos Collado, Natalia Vázquez, José Enrique González, Jean-Charles Boucher y Amandine Finger.

CÓMO USAR ESTE LIBRO

Alta cocina en tu mesa te propone un recorrido por cuarenta y cinco recetas que recoge entrantes, platos principales, postres, meriendas y panes.

Existen técnicas de base comunes a muchas elaboraciones. Podrás consultarlas en el apartado Técnicas, a partir de la página 289. Cada vez que una de ellas aparezca en una receta, encontrarás una llamada para ampliar la información.

Además, si dudas con algunos términos menos coloquiales, más utilizados en la alta cocina profesional, siempre puedes acudir al Glosario que encontrarás también en el libro para aclarar conceptos.

Asimismo te resultarán útiles algunos consejos que ahondarán en tu aprendizaje:

1 En las preparaciones previas

¿Has oído hablar de la mise en place? Se trata de una expresión francesa que se traduce literalmente por 'puesta en el lugar' y hace alusión a las preparaciones previas de los productos y utensilios. Si te acostumbras a organizarte y tener todos los ingredientes limpios, cortados y, en algunos casos, precocinados, ahorrarás mucho tiempo en los fogones.

2 En los tiempos que marcan las recetas

Nada mejor que utilizar los sentidos y probar para encontrar el punto ideal de las preparaciones. Los tiempos de cocción que te facilita este libro son solo una guía. El tamaño de los alimentos, la calidad del producto, la humedad del ambiente, la potencia del horno... Existen muchos condicionantes que pueden alterarlos. Entrena tus sentidos y aprende a fiarte de tus percepciones.

3 En los aliados que tienes en tu despensa

Te hemos puesto el listón bastante alto para que saques lo mejor de ti, pero no olvides tu instinto. Si no encuentras algunos de los ingredientes que hemos escogido, pon a prueba tu creatividad y sustitúyelos por otros más fáciles de conseguir. Puede que el resultado no sea el mismo, pero sin duda te servirá para ir educando poco a poco el paladar.

4 ¡No tengo un utensilio!

Tómate el tiempo necesario para analizar cada receta y buscar alternativas. A veces la alta cocina requiere de materiales específicos que no siempre están a nuestro alcance. No te bloquees y busca una forma ingeniosa de acercarte al resultado. En la página 342 puedes consultar qué utensilios debería contener tu kit básico de alta cocina.

5 Sin miedo pero con delicadeza

La cocina requiere firmeza y seguridad en muchas de sus tareas. No tengas miedo a equivocarte. No olvides que el error no es un fracaso, sino una forma de aprender, y que solo se aprende practicando. A medida que vayas puliendo la técnica serás capaz de afinar el resultado y perfeccionar tus presentaciones. Recuerda que lo más importante es el sabor.

Sabemos que te surgirán dudas y que poco a poco querrás llegar más lejos. Si es así, nada mejor que preguntar a los chefs de Le Cordon Bleu. Esperamos tus dudas y comentarios a través de:

- cordonbleu.edu/mexico
- @lcbmexico
- @lcbmexico

Entrantes

Ensalada de sémola de trigo,

tomates y aguacate

Dificultad:

Comensales: 4

Utensilios:

Batería de cacerolas
Set de cuchillos
Tabla de cortar
Estameña
Varillas
Colador
Batidora de mano o vaso americano
Boles
Aro o molde
Bandeja
Manga pastelera con boquilla

Ingredientes principales

250-300 g de gazpacho

200 g de sémola de trigo duro

Guarnición vegetal

100 g de cebolleta fresca

100 g de pimiento rojo

50 g de pepino

30 g de tirabeques

8 supremas de naranja

Cilantro

Hierbabuena

Gazpacho

200 g de tomates (extraído del que sobra del agua de tomate)

75 g de agua

15 g de pimiento rojo

10 g de pepino

10 g de vinagre de manzana

10 g de cebolleta

5 g de pan seco

1 diente de ajo

30 g de AOVE

Sal y pimienta

Agua de tomate

1,5 kg de tomates

Azúcar

Sal

Velo de agua de tomate

250 g de agua de tomate

3 g de agar-agar

3 g de gelatina

Germinados de cilantro

Puré de aguacate

1 aguacate

Zumo de lima

Sal y pimienta negra

Vinagreta

15 g de manzana granny smith

10 g de vinagre de manzana

10 g de miel

40 g de AOVE

Elaboración

Paso 1

Elaborar el día anterior

- Triturar el 1,5 kg de tomates y colocarlos sobre una estameña dispuesta en un colador para obtener el agua.

Paso 2

- Para hacer el gazpacho, cortar en mirepoix los tomates, la cebolleta, el pepino y el pimiento rojo. Añadir a estos ingredientes el ajo sin germen, el pan, el agua y el vinagre. Triturar y sazonar con sal y pimienta, y terminar emulsionando con el aceite. Colar y reservar.

Paso 3

- Lubricar la sémola con un poco de aceite de oliva y finalmente hidratarla con el gazpacho.

Paso 4

- Comprobar que el agua de tomate esté bien transparente y, en caso contrario, volver a colar por la estameña. Ponerla a punto de sal y azúcar.

- Hidratar con agua las hojas de gelatina. Verter la mezcla en un cazo, agregar el agar-agar y hervir 1 min, aproximadamente. Retirar del fuego, añadir la gelatina escurrida y mezclar suavemente para no generar burbujas.

- Disponer una bandeja lisa y seca, y echar la mezcla con un grosor de 2-3 mm. Antes de que gelifique, colocar los germinados de cilantro dejando parte de ellos fuera de la gelatina.

Paso 5

- Hacer un puré con el aguacate y aliñar con zumo de lima, sal y pimienta negra. Introducir en una manga pastelera y reservar.
- Preparar la guarnición vegetal de la sémola hidratada en gazpacho. Para ello, escaldar los tirabeques, refrescar y cortar en tiras finas. Picar pimiento rojo y pepino en brunoise. Picar cebolleta fresca. Pelar una naranja y extraer las supremas. Picar hierbabuena y cilantro en chiffonnade (véase técnica en página 298).

Paso 6

- Mezclar, sin emulsionar, el vinagre de manzana con la miel y el aceite. Picar la manzana en el último momento y añadir a la vinagreta.

Paso 7

- Disponer en un bol la sémola hidratada en el gazpacho. Añadir la guarnición vegetal, mezclar y sazonar.

Paso 8

- Colocar un aro o molde en el centro del plato y rellenar con la mezcla anterior. Cortar la gelatina con la misma forma y ponerla encima. Decorar con el puré de aguacate, las verduras de la guarnición y las supremas de naranja.
- Terminar de salsear con la vinagreta.

Sopa de mejillones al curry,
patatas vitelotte y mousse de coco

Dificultad:

Comensales: 4

Utensilios:

Batería de cacerolas

Set de cuchillos

Tabla de cortar

Boles

Espumadera

Chino fino

Varillas

Mandolina

Cortapastas

Ingrediente principal

1 kg de mejillones de roca

Cocción a la marinera

2 chalotas

2 dientes de ajo

½ bulbo de hinojo

1 tallo de apio rama

3 g de curry

80 ml de vino blanco

2 hojas de lima kaffir

1 rama de lemongrass

1 rama de tomillo

Laurel

Tallos de perejil

Sopa

200 g de caldo de la cocción a la marinera

50 ml de leche de coco

20 ml de nata

Sal al gusto

Mousse de coco

1 g de gelatina

80 ml de leche de coco

50 ml de nata a 35% M. G.

Patatas rejilla

2 patatas vitelotte

Aceite de girasol

Sal

Presentación

Cilantro deshojado

Filamentos de chile

Aceite de oliva

Sal

Elaboración

Paso 1

- Desbarbar los mejillones y limpiar bien con un cuchillo las conchas por la parte de fuera.

Paso 2

- Cortar las chalotas, los ajos, el hinojo y el apio en mirepoix fina, y rehogar sin que tome color. Preparar un bouquet garni (véase técnica en página 291). Tostar el curry con cuidado de no quemarlo y verter el vino blanco junto con el tomillo, el lemongrass, el laurel, las hojas de lima kaffir y las ramas de perejil.

- Cuando comience a hervir, añadir los mejillones y tapar el cazo. Pasados unos minutos, levantar la tapadera y retirar los mejillones abiertos. Ir poniéndolos en un baño maría frío para que no se pasen de cocción. Reservar el caldo.

Paso 3

- Para hacer la sopa, retirar las conchas de los mejillones y conservarlos en la nevera.
- Reducir el caldo de cocción colado junto con la leche de coco y la nata hasta tener una textura de sopa. Probar y rectificar la sazón añadiendo sal, si fuera necesario.

Paso 4

- Hidratar la gelatina en agua fría. Calentar 20 ml de leche de coco y fundir dentro la gelatina. Incorporar el resto de leche ya fuera del fuego.
- Mientras, semimontar la nata y mezclar delicadamente con la leche de coco. Dejar enfriar la mousse en la nevera.

Paso 5

- Pelar las patatas vitelotte y cortarlas con una mandolina en forma de rejilla. Luego, cortarlas de nuevo con un cortapastas en forma de círculo. Reservar en agua con hielo para eliminar el exceso de fécula y conseguir así una textura más firme.

- Secar bien y freír en abundante aceite de girasol a 140 °C hasta que estén crujientes. Reservar sobre papel absorbente para retirar el exceso de grasa y sazonar con sal.

Paso 6

- Cubrir un plato con film de cocina transparente, engrasar y salar. Disponer sobre él hojas de cilantro, recubrir con film y secar en el microondas a máxima potencia hasta que las hojas estén crujientes.

Paso 7

- Disponer unos 8 o 10 mejillones en un plato, acompañar con chips y hojas de cilantro, y verter la sopa muy caliente.

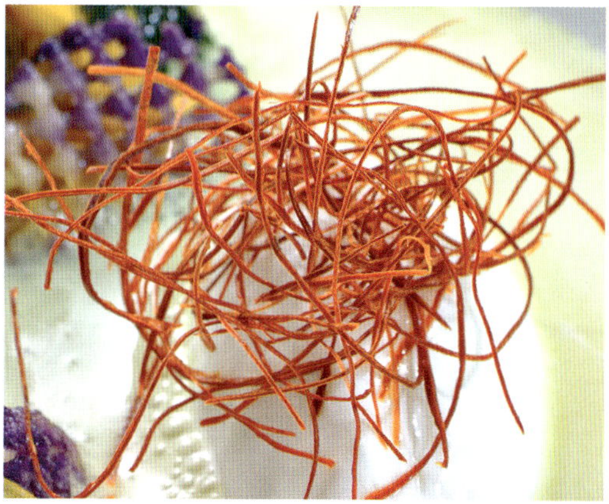

- Terminar con una quenelle de mousse en el lado opuesto a los mejillones y decorar con unos filamentos de chile.

Caballa marinada

en jugo de remolacha, puré de cítricos y ensalada de hinojo

Dificultad:

Comensales: 4

Utensilios:

Batería de cacerolas
Set de cuchillos
Tabla de cortar
Pinzas de pescado
Bandeja
Chino fino
Mandolina
Boles
Exprimidor
Rallador
Licuadora
Batidora
Biberón

Ingrediente principal

2 caballas de 400-600 g cada una

Salazón

Ralladura de 2 naranjas
Ralladura de 2 limones
Sal gorda

Marinada

260 ml de zumo de naranja
50 ml de zumo de limón
50 ml de jugo de remolacha licuado
20 ml de vinagre de Jerez PX

Cebolleta encurtida

3 cebolletas platillo
Vinagre de manzana c. s. para cubrir las cebolletas

Caramelo

100 ml de zumo de naranja
50 ml de zumo de limón

Puré cítrico

100 g de albedo de naranja
100 g de albedo de limón
20 g de nata
20 ml de AOVE arbequina

Almíbar

300 g de azúcar
300 g de agua

Ensalada de hinojo

1 hinojo
Zumo de 1 limón
1 cucharadita de café de cebollino
AOVE
Sal

Presentación

Polvo de pulpa de remolacha
Brotes de eneldo

Elaboración

Paso 1

- Filetear las caballas, desespinar con unas pinzas de pescado y retirar la fina piel que cubre los lomos.

- Mezclar sal gorda con la ralladura de los cítricos y cubrir bien los filetes con la mezcla durante unos 10 min. Luego, retirar los filetes de la sal y lavar con agua delicadamente para eliminar los restos de sal.

Paso 2

- Pelar y centrifugar la remolacha con una licuadora, recuperar su jugo y reservar para la marinada.

- Secar la pulpa en el horno a 80 °C. Una vez seca, triturar hasta obtener un polvo muy fino.

- Juntar todos los ingredientes de la marinada y macerar en ella los lomos de las caballas durante 2 h. Dar la vuelta en la mitad del proceso.

Paso 3

- Cortar con una mandolina las cebolletas platillo en aros, meter en agua con hielo durante 15 min, escurrir y cubrir con vinagre de manzana otros 15 min más.

Paso 4

- Reducir el zumo de naranja y de limón hasta textura de caramelo. Realizar entonces un almíbar mezclando el agua y el azúcar, y llevando a ebullición. Recuperar el albedo de los cítricos, cortar en mirepoix mediana y blanquear dos veces en agua. Cambiar el agua y enfriar en cada ocasión. Blanquear una tercera vez dentro del almíbar.

- Triturar los albedos junto con la nata, el aceite y la reducción de caramelo del zumo de los cítricos.

- Pasar por un chino fino y reservar el puré de cítricos en un biberón.

Paso 5

- Cortar el hinojo con una mandolina en láminas finas y reservar en agua y hielo durante 15 min. Escurrir y aliñar con aceite, el zumo del limón, sal y el cebollino picado.
- Retirar la caballa de la marinada y secar bien los lomos. Escurrir los aros de las cebolletas.

Paso 6

- Cortar los lomos de caballa a lo largo siguiendo la espina. Colocar en uno de ellos la cebolleta encurtida, guarnecer con la ensalada de hinojo y con unos puntos de puré de cítrico.
- Decorar con brotes de eneldo y el polvo de remolacha.

Gamba de Denia

con alcachofa al estilo barigoule

Dificultad:

Comensales: 4

Utensilios:

Batería de cacerolas

Set de cuchillos

Tabla de cortar

Mandolina

Sacabolas

Boles

Palillo de madera

Ingredientes principales

8 gambas de Denia

100 g de cansalada en lonchas (15 unidades)

Alcachofas barigoule

8 alcachofas

100 ml de vino blanco

15 champiñones botón

8 cebolletas francesas

3 dientes de ajo en camisa

2 zanahorias

1 rama de tomillo

1 hoja de laurel

Zumo de 1 limón

Perejil

Semillas de cilantro (envueltas en gasa)

50 ml de AOVE

Sal y pimienta blanca de molinillo

Presentación

Perejil

Láminas de champiñón crudo

AOVE

Elaboración

Paso 1

Tornear las alcachofas, quitar los filamentos con un sacabolas y partirlas a lo largo. Para evitar la oxidación, reservar en un bol con hielo, agua, el zumo de ½ limón y unas ramas de perejil.

Paso 2

- Pelar las zanahorias y dar forma de cilindro regular con un pelador. Recortar ambas puntas en oblicuo y cortar en láminas finas de 1 mm con la mandolina. Reservar.
- Pelar las cebolletas francesas, partirlas por la mitad a lo largo y reservar.

Paso 3

- Separar las cabezas de las colas de las gambas, pelar las colas y guardar el último anillo. Reservar las cabezas para otro uso.
- Hacer una incisión muy pequeña justo encima del último anillo de la cola, pasar el palillo debajo del intestino y tirar suavemente para sacarlo.

Paso 4

- Sudar unas láminas de cansalada en un cazo ancho y reservar aparte.
- Sellar ligeramente las alcachofas en la grasa de la cansalada, añadir 25 ml de aceite de oliva, las cebolletas y el ajo en camisa, dorar ligeramente.

Paso 5

- Sofreír unos 5 min más, desglasar con el vino blanco y el zumo del ½ limón restante. Añadir otros 25 ml de aceite de oliva, las láminas de zanahoria, los champiñones y todas las hierbas aromáticas.
- Tapar y cocer a fuego lento 5 min.
- Verificar la cocción de las alcachofas pinchando el corazón con la puntilla. Apartar del fuego, añadir las colas de las gambas sazonadas y reservar tapado hasta que estas estén cocidas, unos 3-4 min, según tamaño.

Paso 6

- Presentar las alcachofas en el fondo del plato, luego colocar las colas de gambas y repartir las cebolletas y los champiñones botón. Disponer alrededor unas láminas de zanahoria, lonchas de cansalada cruda y cocida, y unas hojas de perejil. Servir templado con una cantidad generosa de caldo.

Steak tartar

con yema inyectada y chips de vegetales

Dificultad:

Comensales: 4

Utensilios:

Set de cuchillos
Tabla de cortar
Boles
Mandolina
Aro de metal
Pincel
2 jeringuillas
4 cucharas

Ingredientes principales

320 g de solomillo de ternera limpio
40 g de cebolleta fresca
20 g de pepinillos
20 g de alcaparras
Salsa Perrins al gusto
Tabasco al gusto
Perejil
AOVE
Sal y pimienta negra

Yema inyectada (emulsión de mostaza y anchoa)

20 g de mostaza de Dijon
4 yemas enteras
7 g de anchoa
5 g de soja
30 g de aceite de oliva

Chips de vegetales

3 patatas violeta
1 patata amarilla
1 yuca
1 boniato
Aceite de oliva
Sal

Presentación

Cebolleta fresca

Elaboración

Paso 1

- Pelar la yuca, el boniato, la patata amarilla y las violetas, y cortar con una mandolina en láminas finas. Reservar las láminas de patata en agua con hielo para que desprendan el almidón.

- Escurrir y secar las patatas. Freír las láminas de boniato, yuca y patata en aceite a 140-160 °C por separado. Escurrir nuevamente, secar y sazonar con sal sobre papel absorbente. Estas chips se pueden freír con antelación siempre que se mantengan en un lugar seco.

Paso 2

- Picar perejil, los pepinillos, las alcaparras y la cebolleta fresca.

- Cortar unas tiras finas de cebolleta y sumergirlas en agua y hielo para la decoración final de la yema.

Paso 3

- Separar 4 yemas de huevo, revisando que estén bien limpias de claras. Pintar con un pincel mojado en aceite las 4 cucharas soperas, y colocar las yemas encima.

- Extraer con una jeringuilla 2/3 de cada yema y reservar en la nevera. Emulsionar la yema extraída, aproximadamente 10 g, con la mostaza. Añadir la anchoa, la soja y seguir emulsionando con el aceite de oliva. Volver a reservar en la nevera.

Paso 4

- Picar la carne de solomillo en brunoise y reservar en un bol sobre otro con hielo. Añadir los pepinillos, las alcaparras, la cebolleta fresca y mezclar. Salpimentar la mezcla e incorporar salsa Perrins y tabasco al gusto. Agregar perejil picado y aceite de oliva virgen extra. Realizar todo el proceso en el baño frío.

Paso 5

- Con la otra jeringuilla, rellenar las yemas con la emulsión.

Paso 6

- Servir el steak tartar en una fina capa circular y colocar la yema en último momento sobre la carne. Tapar la perforación creada para rellenar la emulsión con unas tiras de cebolleta fresca. Servir las chips aparte.

Foie gras de pato marmolado

con puré de ciruelas pasas

Dificultad: ★★★

Comensales: 4

Utensilios:

Set de cuchillos

Tabla de cortar

Molde metálico cuadrado

Batidora

Chino fino

Estameña

Biberón

Tamiz

Cuerna

Ingrediente principal

1 foie gras de pato de 600 g

Marinado

0,5 g de 4 especias en polvo (anís, nuez moscada, clavo, canela)

50 ml de vino blanco Sauternes

8 g de sal fina y 1 g de pimienta negra recién molida

Puré de ciruelas pasas al oporto y cacao

100 g de ciruelas pasas

10 g de cacao amargo

150 ml de oporto tinto

Gelatina al té y vinagre de sidra

250 g de agua

50 g de miel

15 g de vinagre de sidra

6 g de hojas de gelatina

1 sobre de té Earl Grey

Pan vitalis

Véase receta en página 271

Presentación

Grué de cacao

Cacao en polvo

Reducción de oporto tinto (500 ml de oporto y 80 g de azúcar)

Pétalos de caléndula

Elaboración

Paso 1

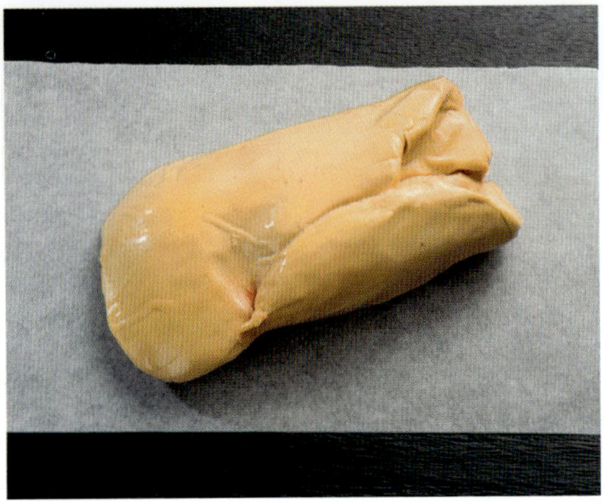

- Sacar el foie de pato de la nevera y dejarlo atemperar durante 30 min para que se ablande.

- Cortarlo en rodajas de 1,5 cm de grosor y quitarle los nervios, venitas y vasos sanguíneos con la punta de una puntilla. Sazonar con la sal, pimienta y las 4 especias. Verter el vino Sauternes y marinar durante 24 h en frío.

- Una vez marinado, secarlo bien y sellar las rodajas por ambos lados en una sartén caliente, sin pasarse de la cocción rosada.

- Colocar el foie en el molde metálico mientras que todavía esté caliente, poner encima una hoja de papel de horno, prensar con un peso y reservar en frío durante 48 h.

Paso 2

- Calentar el oporto, añadir las ciruelas pasas y marinar 2 h. Triturar las ciruelas con el cacao y tamizar con ayuda de una cuerna. Reservar el puré en frío.

- Para la presentación, reducir suavemente el oporto con el azúcar hasta 2/3 partes. Reservar en un biberón en frío.

Paso 3

- Hervir los 250 g de agua, añadir la miel, el vinagre y el sobre de té. Tapar e infusionar 10 min. Agregar la gelatina rehidratada y filtrar a través de una estameña.

Paso 4

- Verter la mezcla anterior en un recipiente plano de aproximadamente 1 cm de altura y dejar enfriar. Una vez gelificado, cortar en dados.

- Partir el pan al sesgo en rebanadas de 5 mm de grosor y tostar ligeramente.

Paso 5

- Transcurridas las 48 h, desmoldar el foie y cortar en lingotes de 2 cm de ancho y 9 cm de largo. Espolvorear sobre el foie el cacao en polvo.

Paso 6

- Colocar el lingote de foie en un lado del plato junto con la lámina de pan.
- Disponer una quenelle de puré de ciruelas y terminar con los dados de gelatina y los puntos de reducción de oporto.

Tartaleta fina de champiñones

Dificultad:

Comensales: 4

Utensilios:

Set de cuchillos

Bandejas de horno

Rejilla

Aro de 22 cm

Mandolina

Cortapastas liso de 4 cm

Ingrediente principal

500 g de masa de hojaldre

Cebolla caramelizada

800 g de cebollas laminadas (émincer)

50 g de mantequilla

1 rama de tomillo

Aceite de trufa

Sal y pimienta blanca de molinillo

Guarnición de la tartaleta

400 g de champiñones

30 g de trufa melanosporum (opcional)

Presentación

Flor de sal

Trufa

Ensalada mézclum

Vinagre de Jerez

Aceite de trufa

Elaboración

Paso 1

- Sudar las cebollas en la mantequilla y aceite de trufa a fuego lento con el tomillo deshojado y una pizca de sal hasta que caramelicen bien. Rectificar la sazón y dejar escurrir del exceso de grasa.

Paso 2

- Estirar el hojaldre a unos 2 mm de grosor. Cuando esté bien frío, recortarlo con un aro de 22 cm, pincharlo con un tenedor y hornear entre dos bandejas a 180 °C, de 15 a 20 min.

Paso 3

- Dejar reposar sobre una rejilla.

- Lavar y laminar los champiñones con una mandolina y con un grosor de 2 mm.

- Recortar las láminas de los champiñones con un cortapastas.

Paso 4

- Montar una capa fina de ½ cm de cebolla caramelizada sobre el hojaldre.
- Repartir armoniosamente las láminas de champiñón crudo sobre la cebolla caramelizada y partir la tarta por la mitad.

Paso 5

- Laminar finamente la trufa fresca y colocar encima del champiñón.

Paso 6

- Aliñar la ensalada con aceite de trufa, vinagre de Jerez y flor de sal.

Codornices en escabeche

Dificultad:

Comensales: 4

Utensilios:

1 tarro de cristal hermético por comensal

Set de cuchillos

Varillas

Mandolina

Sartén parrilla

Ingredientes principales

4 codornices

Aceite de oliva

Sal y pimienta

Escabeche

100 ml de vinagre de sidra

8 hojas de laurel

8 dientes de ajo

4 guindillas

200 ml de AOVE

12 granos de pimienta

Verduras encurtidas

40 g de azúcar

200 ml de vinagre de manzana

200 ml de agua

3 ramas de apio

1 cebolla morada

1 remolacha amarilla

Mayonesa

20 g de yema de huevo

15 g de mostaza de Dijon

15 g de mostaza antigua

Zumo de limón al gusto

200-250 g de aceite de oliva

Sal

Tostas de pan de cereales

Véase receta en página 283

Aceite de oliva

Presentación

1 manzana granny smith

Hojas de cilantro

Elaboración

Paso 1

- Limpiar las codornices y separar los muslos, los contramuslos y las pechugas (véase técnica en página 310).
- Salpimentar y marcar estas partes. Guardar en cada uno de los tarros herméticos una codorniz: los muslos y los contramuslos en la base, y las pechugas arriba.

Paso 2

- Hacer un escabeche calentando el aceite, el vinagre, los ajos blanqueados, las hojas de laurel, las guindillas y los granos de pimienta. Verter el escabeche caliente junto con los aromáticos (cada tarro debe incluir todos los aromáticos) sobre la codorniz hasta cubrirla.
- Cerrar los tarros y cocer al baño maría en el horno a 80 °C durante 50 min. Es importante que el baño maría esté caliente antes de meterlo en el horno y que cubra 2/3 partes de los recipientes.
- Una vez cocido el escabeche, enfriar rápidamente para aumentar el tiempo de conservación.

Paso 3

- Cortar las verduras para encurtir (la remolacha con la mandolina y el apio y la cebolla con el cuchillo) e introducir por separado en agua con hielo durante 30 min. Pasado este tiempo, secar y reservar.

- Aparte, hervir juntos el vinagre, el agua y el azúcar, y verter caliente sobre las verduras. El tiempo que deben encurtirse estas verduras varía en función del gusto. El color irá cambiando paulatinamente.

Paso 4

- Para hacer la mayonesa, mezclar la yema y las mostazas, y atemperar. Una vez esté la mezcla a la misma temperatura que el aceite, añadir, sin dejar de mezclar, a hilo fino hasta obtener una mayonesa estable y homogénea.

- Esta mezcla se endurecerá cuanto más aceite se añada. Para aligerarla se debe verter algún líquido (vinagre, limón...). Finalmente, poner a punto de sazón.

Paso 5

- Dorar en aceite las rebanadas de pan y cortar bastones de manzana en el último momento para que no pierdan sus propiedades.

Paso 6

- Disponer sobre 4 tostas de pan crujiente las verduras encurtidas con unos bastones de manzana, hojas de cilantro y la mayonesa, y servir junto al escabeche atemperado.

Gazpacho de fresas,
almendras, nata agria y cítricos

Dificultad:

Comensales: 6

Utensilios:

Set de cuchillos

Tabla de cortar

Boles

Vaso americano o batidora de mano

Chino fino

Varillas

Mandolina

Gazpacho de fresas

500 g de tomates pera maduros
400 g de fresas
150 g de melón piel de sapo
50 g de pimiento rojo
50 g de cebolleta fresca
40 g de vinagre de Jerez
2 dientes de ajo
120 g de aceite de oliva arbequina
Sal fina

Almendras fritas

80 g de almendras marcona
Aceite de oliva
Sal fina

Crema

80 g de crème fraîche
Ralladura de ½ naranja
Sal y pimienta

Presentación

Gajos de 1 naranja
Fresas laminadas
Hojas de menta

Elaboración

Paso 1

- Retirar el germen y blanquear los dientes de ajo. Lavar y cortar el resto de los ingredientes del gazpacho en mirepoix.
- Mezclar en un bol junto con el vinagre, una pizca de sal y reservar en frío durante al menos 2 h.
- Transcurrido el tiempo, triturar con una batidora de mano. Mientras se tritura, ir añadiendo a hilo fino el aceite. Luego, colar por un chino fino, sazonar y reservar en frío.

Paso 2

- Freír las almendras en abundante aceite a 160 °C y reservar sobre papel absorbente. Una vez secas, pero no frías del todo, sazonar.
- Mezclar la ralladura de naranja con la crème fraîche. Salpimentar y reservar.

Paso 3

- Cortar en cubos los gajos de la naranja y reservar (véase técnica en página 296).

- Laminar las fresas muy finamente con una mandolina.

- Disponer las láminas de fresa en un plato y colocar encima la crema, los gajos de naranja cortados en cubos, las almendras y unas hojas de menta. Servir el gazpacho ya en la mesa.

De la huerta

Risotto de espárragos y guisantes

Dificultad:

Comensales: 4

Utensilios:

Batería de cacerolas

Set de cuchillos

Colador o chino

Mandolina

Varillas

Espátulas

Ingredientes principales

200 g de arroz arborio o carnaroli
30 g de mantequilla
20 cl de vino blanco
1 cebolla
Sal

Caldo de verduras

150 g de zanahoria
150 g de cebolla
2 l de agua
6 ramas de perifollo
2 ramas de tomillo
2 dientes de ajo
Tallos de los espárragos verdes
Tallos de los espárragos blancos
20 g de aceite de oliva suave

Guarnición

100 g de guisantes limpios
12 espárragos verdes grandes
8 espárragos blancos
Aceite de oliva
Sal

Teja de parmesano

150 g de agua
30 g de parmesano rallado
10 g de maicena

Acabado para el arroz

40 g de mantequilla
40 g de parmesano

Presentación

Yemas de espárragos verdes
Yemas de espárragos blancos
Teja de parmesano
Sal

Elaboración

Paso 1

- Pelar los espárragos blancos y verdes, y reservar los tallos.

- Pelar y cortar en mirepoix la cebolla y la zanahoria. Calentar el aceite de oliva, agregar las verduras y sudar unos 2 min. Añadir el agua, los ajos, el tomillo y el perifollo, y cocer 30 min. Colar por un chino fino y reservar el caldo caliente.

Paso 2

- Para hacer la guarnición, laminar una yema de espárrago verde con la mandolina y reservar. Cocer el resto de los verdes, las yemas de los blancos y los guisantes en agua salada hirviendo (a la inglesa) por separado. Comprobar la cocción con la punta de un cuchillo.
- Enfriar las verduras en agua con hielo, escurrir, cortar los tallos de los espárragos verdes de 1 cm de ancho, pelar los guisantes y reservar con todas las verduras (salvo un espárrago blanco) en una cacerola con un fondo de agua y un poco de aceite de oliva. Calentar al momento.

Paso 3

- Mezclar con la batidora la maicena con los 150 g de agua, añadir el parmesano rallado y batir con unas varillas. Echar poco a poco la mezcla en una sartén antiadherente y cocinar a fuego lento hasta que esté totalmente seco. Reservar la teja.

Paso 4

- Picar la cebolla muy fina y sudar con los 30 g de mantequilla derretida durante 1 min. Agregar el arroz lavado y seco, y rehogar 2 min (nacarar).

- Verter el vino blanco y dejar que reduzca. Mojar con el caldo caliente de verduras hasta que cubra el arroz y cocer durante 16 o 18 min según el tipo de arroz. Se puede ir añadiendo más caldo mientras cuece para que no se quede seco.

- Agregar los tallos de los espárragos cortados y los guisantes. Sazonar y dejar reposar unos 5 min. Ligar con los 40 g de mantequilla y los de parmesano.

Paso 5

- Marcar las puntas de los espárragos blancos a la parrilla.

Paso 6

- Servir el arroz y acabar con las yemas y las láminas crudas de espárrago.
- Adornar con la teja de parmesano.

Tartaleta de tomates,

queso de cabra y pesto

Dificultad: 1

Comensales: 4

Utensilios:

Boles

Aros de tartaleta de 8 cm

Bandeja de horno

Amasadora con escudo y varillas

Manga pastelera y boquilla lisa n.º 8

Mortero

Rodillo

Pincel

Masa quebrada

Véase técnica en página 302

220 g de harina

125 g de mantequilla

60 g de huevo

30 g de almendras en polvo

30 g de agua

Flor de sal

Pesto de rúcula

50 g de rúcula

25 g de piñones tostados (nacionales)

15 g de parmesano rallado

1 diente de ajo blanqueado

Aceite de oliva virgen

Sal

Crema de queso

200 g de queso de cabra fresco

150 g de nata a 35 % M. G.

Tomate confitado

6 tomates amarillos

6 tomates rojos

2 dientes de ajo

2 hojas de laurel

5 ramas de tomillo

Azúcar

AOVE

Sal y pimienta blanca

Presentación

Polvo de aceitunas negras (véase receta en página 123)

Pimiento de Espelette

Hojas de rúcula

Elaboración

Paso 1

- Mezclar con los dedos la harina y las almendras en polvo con la mantequilla hasta obtener una textura arenosa (sabler). Disponer la mezcla de polvos formando un volcán y añadir en el centro el huevo batido y el agua con la flor de sal.

- Mezclar todos los ingredientes con las manos, sin trabajar en exceso. Presionar con la palma de la mano hasta obtener una masa lisa y homogénea (fraiser). Envolver en film transparente y reservar en frío al menos durante 30 min. Esta masa se puede elaborar el día anterior.

- Escaldar los tomates, cortar en gajos y quitar la membrana y las semillas.

Paso 2

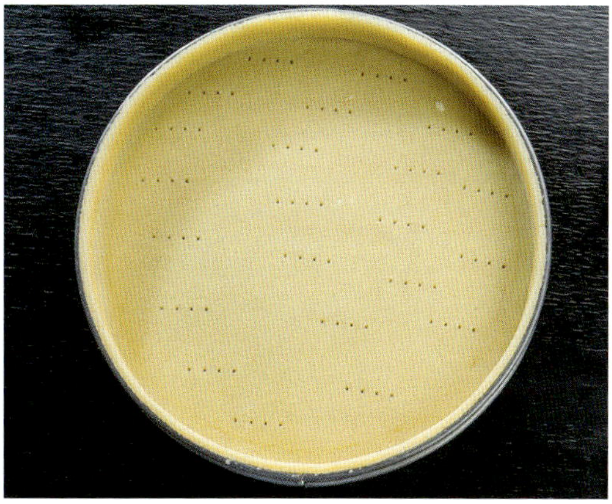

- Estirar la masa hasta conseguir 2 o 3 mm de grosor. Forrar los aros y cocer a blanco (véase técnica en página 302).
- Opcional: una vez la masa esté cocida, untar con huevo batido el interior con un pincel. Hornear 30 s para secar esta capa, impermeabilizar la masa y evitar así que se humedezca demasiado.

Paso 3

- Recortar la parte sobrante del tallo de la rúcula. Majar en el mortero el diente de ajo con sal hasta obtener una pasta. Añadir los piñones y seguir majando.
- Verter simultáneamente y poco a poco aceite, las hojas de rúcula y el parmesano rallado, y seguir majando hasta lograr una textura granulosa.

Paso 4

- Alisar el queso de cabra en la amasadora con el escudo. Sustituir el escudo por las varillas, y montar la crema añadiendo la nata fría poco a poco hasta obtener una textura de chantilly. Reservar en una manga pastelera con una boquilla lisa.

Paso 5

- Poner una fina capa de pesto sobre la base de la tartaleta. Disponer en la mitad de ella unos pétalos de tomate confitados y, en la otra mitad, crema de queso (con una capa del grosor de ¾ de la tartaleta).

- Repetir la operación invirtiendo los lados (pétalos de tomate encima de la crema de queso y en la otra mitad, bolitas de crema encima de los tomates) y reservar 30 min en la nevera.

Paso 6

- Acabar con polvo de aceitunas negras, pimiento de Espelette y algunas hojas de rúcula. Acompañar con una ensalada.

Tortellini de ricotta

y espinacas con crema de parmesano

Dificultad: ★★★

Comensales: 4

Utensilios:

Batería de cacerolas
Set de cuchillos
Laminoir (máquina de pasta)
Batidora de mano
Escurridor
Cortapastas liso
Chino fino
Boles
Bandeja de reposo
Manga pastelera
Estameña

Masa de tortellini

150 g de sémola de trigo
150 g de harina 00
3 huevos
1 huevo batido
Sémola
Aceite de oliva
5 g de sal

Ricotta fresca
(para 400 g de ricotta bruta aproximadamente)

750 ml de leche entera
250 ml de nata 35 % M. G.
40 g de vinagre blanco
Sal

Relleno de los tortellini

250 g de espinacas baby
150 g de ricotta
1 diente de ajo
Nuez moscada
Aceite de oliva
Sal y pimienta blanca de molinillo

Salsa de parmesano

100 g de parmesano reggiano
200 ml de nata 35 % M. G.

Guarnición de tomates

200 g de tomates cherry de colores (amarillo, cebra, pera)
25 g de aceitunas negras de Aragón picadas
1 diente de ajo
Hojas de albahaca mini
Aceite de oliva

Elaboración

Paso 1

Elaborar el día anterior

- Preparar la ricotta (véase técnica en página 309).

Paso 2

- Elaborar la masa de pasta (véase técnica en página 306).

Paso 3

- Escaldar los tomates cherry durante 5 s en agua hirviendo. Enfriar en un baño de agua con hielo y pelar. Secar los tomates con aceite en el horno a 85 °C durante 50 min aproximadamente. Reservar.

- Mientras tanto, saltear las espinacas en aceite de oliva. Rallar encima el diente de ajo, salpimentar y escurrir (tienen que quedar muy secas). Trocear y mezclar con la ricotta, rectificar la sazón con sal, pimienta blanca y nuez de moscada. Reservar en frío.

Paso 4

- Cuando la masa de pasta haya reposado, estirar hasta lograr 1 mm de grosor (n.º 5; esto puede variar según las máquinas).

- Recortar discos de 8 cm de diámetro, con un cortapastas liso, pintar ligeramente con el huevo batido y disponer en el centro del disco un poco de relleno.

- Cerrar la masa en media luna, insistiendo en el labio para sellarlo, juntar los dos extremos y pegarlos. Dejar secar el tortellini sobre una cama de sémola durante 20 min aproximadamente.

Paso 5

- Por otra parte, mezclar los 200 ml de nata y el queso parmesano. Calentar a fuego suave, triturar con la batidora de mano y colar a través de un chino fino. Reservar la salsa.

Paso 6

- Cocer los tortellini en agua hirviendo con sal durante un par de minutos, escurrir y reservar separados, con un poco de aceite para que no se peguen unos a otros.
- Calentar la salsa y emulsionar al momento. Mantener parte de la cabeza de la batidora de mano fuera de la mezcla para airearla y generar una textura espumosa.
- Presentar los tortellini en el plato, colocar alrededor la salsa espumosa y acabar con unos cherry. Decorar con hojas de albahaca y unas gotas de aceite de oliva de la cocción de los tomates.

Gnocchi de patata, pilpil de setas y fideo de ajo negro

Dificultad: 2

Comensales: 4

Utensilios:

- Batería de cacerolas
- Set de cuchillos
- Tabla de cortar
- Tabla de gnocchi
- Bandeja de horno
- Colador
- Mandolina
- Boles
- Varillas
- Jeringuilla
- Tubo de silicona
- Pelador
- Tamiz
- Cuerna

Gnocchi de patata

Véase técnica en página 304

Setas

300 g de boletus

30 g de colmenillas deshidratadas

2 dientes de ajo en camisa

1 rama de tomillo

1 rama de romero

1 hoja de laurel

400 ml de aceite de oliva virgen suave

Pilpil de setas

20 g de gelatina de boletus

300 ml de agua de hidratar las colmenillas

400 ml de aceite de oliva virgen del confitado

Sal y pimienta al gusto

Fideo de ajo negro

200 g del agua de hidratar las setas

20 g de ajo negro

2 g de agar-agar

Sal

Ajetes

8 ajetes

Aceite de oliva

Sal

Presentación

Puntas de cebollino

Lascas de parmesano

Flores de ajo

Brotes de albahaca

Perejil picado

Elaboración

Paso 1

- Limpiar bien la piel de las patatas, envolver con papel de aluminio y asar al horno a unos 170 °C hasta que estén tiernas en el centro.
- Mientras tanto, cubrir las colmenillas con agua templada. Una vez hidratadas, lavarlas las veces que sean necesarias hasta que el agua salga limpia. Guardar y colar bien el agua de hidratar y la del segundo lavado de las colmenillas. Hervir y reducir hasta obtener unos 300 ml de agua de setas.

- Limpiar de tierra los boletus con un paño húmedo. Reservar uno para el emplatado. Utilizar el tallo para cortar en daditos y el sombrero para laminar en crudo. Limpiar los ajetes y lavar en abundante agua.

- Cubrir los boletus con aceite de oliva e incorporar las hierbas y los ajos. Confitar hasta que los boletus estén blandos y hayan soltado su gelatina. Dejar decantar el aceite y recuperar la gelatina de la base.

Paso 2

- Poner la gelatina en una sartén y, con ayuda de un pequeño colador, realizar movimientos circulares sin dejar de remover. Añadir mientras el aceite confitado a hilo fino para realizar la emulsión. Un brillo excesivo es síntoma de que la mezcla contiene demasiado aceite y puede cortarse. Para evitarlo, añadir parte del agua de las colmenillas. Así se compensará el exceso de aceite y se podrá continuar incorporando el resto para terminar la emulsión. Para finalizar, salpimentar.

Paso 3

- Una vez asadas y en caliente, pelar las patatas y pasar por el tamiz para elaborar los gnocchi (véase técnica en página 304).

Paso 4

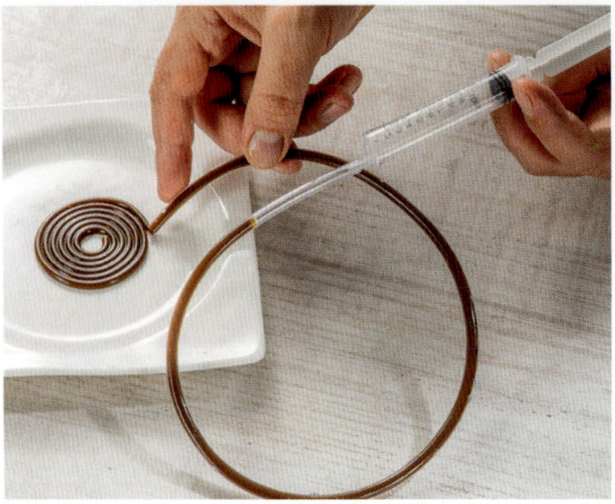

- Pelar el ajo negro y triturar junto con el agua reservada de las colmenillas para elaborar el fideo (véase técnica en página 308).

Paso 5

- Saltear las colmenillas con aceite de oliva y marcar a la plancha los boletus (también los dados reservados), junto con los ajetes.
- Extraer unas lascas de parmesano con ayuda del pelador de verduras.

Paso 6

- Preparar el plato con el pilpil de setas. Cocer los gnocchi en abundante agua hirviendo con sal. Una vez que suban a la superficie, retirar y enfriar en agua fría con hielo para frenar la cocción. Justo antes de servir, saltear con una pizca de aceite, espolvorear con perejil picado y colocar sobre el pilpil.

Paso 7

- Presentar las setas entre los gnocchi junto con los ajetes y los dados de boletus salteados. Decorar el plato con el fideo de ajo negro, las lascas de parmesano, una lámina de boletus crudo, puntas de cebollino, brotes de albahaca y flores de ajo.

Crema de zanahoria, queso idiazábal y teja de pan

Dificultad:

Comensales: 4

Utensilios:

Batería de cacerolas
Licuadora
Vaso americano
Pincel
Rallador fino
Boles
Cortapastas
Varillas
Mandolina
Bandejas de horno

Ingredientes principales

500 g de zanahorias
300 ml de licuado de zanahoria
2 cebollas laminadas (émincer)
2 unidades de anís estrellado
1 bouquet garni con romero
6 g de comino (envuelto en gasa)
60 ml de aceite de oliva suave
Sal y pimienta

Guarnición

40 g de queso idiazábal
8 mini zanahorias naranjas
8 mini zanahorias moradas
2 rebanadas de pan de molde
Sal

Licuado de zanahoria

1 kg de zanahorias

Presentación

Hojas de mini zanahorias
Aceite de oliva al gusto

Elaboración

Paso 1

- Pelar el kilo de zanahorias y licuarlas hasta obtener aproximadamente ½ l de licuado.

- Pelar y lavar todas las verduras, y reservar unas cuantas hojas de las mini zanahorias para freír. Laminar las cebollas y cortar los 500 g de zanahorias en mirepoix. Sudar ambas verduras con el aceite de oliva suave y el anís estrellado durante unos 3 min.

Paso 2

- Añadir el licuado de zanahoria, el bouquet garni y la bolsita de comino. Cocer tapado suavemente hasta que las zanahorias estén bien hechas. Escurrir, quitar el bouquet garni, los cominos y triturar con el líquido.
- Colar si hace falta y sazonar. Debe quedar una crema bastante consistente. Reservar al baño maría.

Paso 3

- Lavar y pelar 2 mini zanahorias de cada color, y cortarlas muy finas con una mandolina. Blanquearlas en agua hirviendo con sal y luego enfriarlas en agua con hielo. Hacer lo mismo con las demás mini zanahorias no cortadas y, una vez frías, partirlas en 2 o 3 trozos.

- Freír las hojas de las mini zanahorias reservadas en aceite a 150 °C. Reservar sobre papel absorbente.

Paso 4

- Estirar el pan de molde entre 2 hojas de papel de horno lo más fino posible, recortar anillos de miga con 2 cortapastas de diferente tamaño y secarlos al horno entre 2 bandejas y el mismo papel a 160 °C hasta que esté dorado. Reservar y pintar con aceite de oliva en el momento de servir.

- Disponer la guarnición en un plato y echar la crema de zanahorias caliente encima. Añadir el queso rallado para que se derrita con el calor, y decorar con las hojas de las mini zanahorias fritas.

De corral y campo

Jarrete de ternera

en cocotte lutée

Dificultad: 3/3

Comensales: 4

Utensilios:

Cocotte ovalada
Batería de cacerolas
Set de cuchillos
Tablas de cortar
Cuerna de plástico
Varillas
Cuerda de cocina
Chino fino
Pincel

Ingrediente principal

1 jarrete de ternera blanca de 1,5 kg

Salmuera

6 l de agua
600 g de sal gorda

Masa à luter

450 g de harina floja
240 ml de agua
Pimentón dulce en polvo al gusto
Cúrcuma en polvo al gusto
45 g de sal fina

Caldo de cocción del jarrete

8 l de agua
10 bayas de enebro
5 dientes de ajo pelados
2 zanahorias peladas
2 tallos de apio
1 puerro
1 cebolla pelada y cloutée con 5 clavos de olor
1 bouquet garni
Sal gorda
20 granos de pimienta negra

Caldo blanco

2 l de agua
40 g de harina floja
40 g de zumo de limón
30 g de sal gorda

Verduras

2 salsifíes
200 g de topinambures
200 g de crosnes (alcachofa china)
4 chalotas
1 rábano negro alargado
1 colirrábano
1 chirivía
1 remolacha roja
1 rutabaga (variedad de remolacha)
1 zanahoria morada
1 zanahoria amarilla
½ apio nabo
Sal gorda al gusto

Glaseado

1 l de caldo (de la cocción de las verduras)

Cocción en cocotte

500 ml de caldo
500 ml de fondo oscuro de ternera
1 bouquet garni

Presentación

5 g de cebollino picado

Elaboración

Paso 1

- Calentar los 6 l de agua con los 600 g de sal hasta que se disuelva. Dejar enfriar.

- Retirar la grasa superficial del jarrete y bridar la carne. Sumergirlo en la salmuera, tapar y reservar en frío durante 48 h.

Paso 2

- Una vez transcurrido el tiempo, sacar el jarrete de la salmuera, ponerlo en una marmita, agregar los ingredientes del caldo de cocción, cubrir con los 8 l de agua, sazonar y cocer lentamente durante 2 h 30 min o 3 h. Para verificar la cocción, comprobar que la carne se separa del hueso en la parte alta.

Paso 3

- Sacar el jarrete del caldo y envolverlo antes de que se enfríe con film transparente. Enfriar durante 1 noche. Pasar el caldo por un chino fino y reservar.

- Dividir la harina, la sal fina y el agua de la masa à luter en 3 partes iguales. Hacer una masa blanca mezclando los 3 ingredientes hasta conseguir una textura lisa y homogénea. Hacer otra masa roja con el pimentón y otra con la cúrcuma. Envolver las 3 masas individualmente con film transparente y reservar en frío hasta el momento de utilizarlas.

Paso 4

- Mientras, preparar el caldo blanco. Para ello, diluir la harina en el agua fría, calentar, añadir la sal y el zumo del limón. Reservar caliente.
- Pelar y lavar los salsifíes y los topinambures. Frotar con sal gorda los crosnes y lavar. Cocer estas tres verduras al dente en el caldo blanco. Luego, escurrir y reservar tapado (desechar el caldo blanco).
- Pelar y lavar el resto de verduras. Dejar las chalotas enteras y trocear el resto de verduras al mismo tamaño. Recortar las aristas para que tengan un aspecto más redondeado y cocerlas al dente en el caldo de cocción del jarrete. A continuación, cocinar las demás verduras en ese mismo caldo.
- Después, repetir la acción con la remolacha y la zanahoria morada por separado, con la cantidad de caldo indispensable para que el resto no se tiña.

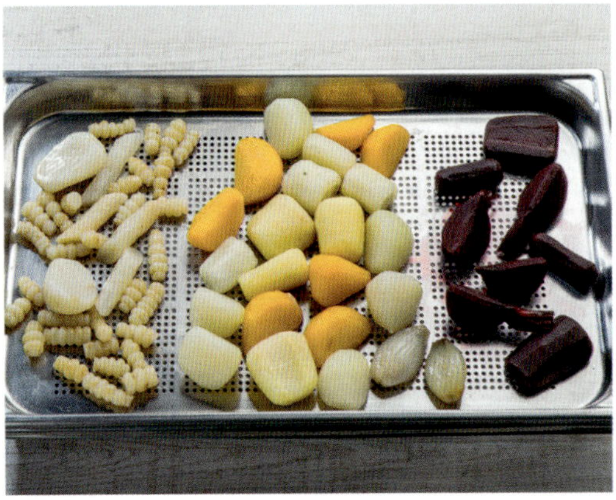

- Escurrir todas las verduras y reservar el caldo de cocción aparte.

Paso 5

- Colocar las chalotas enteras, con la piel, en un cazo, verter aceite de oliva y asar en el horno a 160 °C durante 20 min. Pelar en frío.

Paso 6

- Retirar la cuerda de cocina. Sellar y colorear homogéneamente la carne en la cocotte con el aceite de oliva. Agregar todas las verduras, colocar el bouquet garni alrededor y verter el caldo de la cocción de las verduras junto con el fondo oscuro de ternera, previamente calentado.
- Alargar las tres masas con las manos apretando un poco desde el centro hacia los extremos. Hacer un rollo con cada una. Colocar el rollo de masa blanca sobre el borde de la olla y tapar. Trenzar los dos rollos de color restantes y colocarlos encima de la tapa para sellarla.

- Cortar la masa con un cuchillo de sierra, destapar y servir en la cocotte con las verduras. Poner por encima un poco de cebollino picado.

Lomo de cordero
con habas, berenjena y cebolla

Dificultad: 3

Comensales: 4

Utensilios:

Batería de cacerolas
Set de cuchillos
Tabla de cortar
Chino fino
Bandeja de horno
Escurridor
Vaso americano
Cuerda de cocina
Rejilla

Ingredientes principales

1 carré de cordero (lomo, huesos y recortes)
2 dientes de ajo
Mantequilla
Aceite de oliva

Jugo de cordero

Huesos y recortes del carré
100 g de chalota laminada (émincer)
60 g de mantequilla
1,5 l de fondo de ternera (véase técnica en página 324)
4 dientes de ajo
1 bouquet garni
½ rama de canela
3 semillas de cardamomo
Semillas de cilantro
Semillas de comino
Sal y pimienta

Berenjenas

350 g de berenjenas asadas y escurridas
100 g de tahini
4 dientes de ajo
½ limón
Sal y pimienta

Cebollas

2 cebollas
Jugo de cordero
Sal

Mini berenjenas

4 mini berenjenas
AOVE
Sal

Habas

1 kg de habas en vainas
Menta
Cilantro
AOVE
Sal

Presentación

Brotes de cilantro o guisantes
Grasa de la cocción del jugo

Elaboración

Paso 1

- Limpiar el carré, partir los huesos y reservar 4 de ellos para la presentación (véase técnica en página 314).

- Sellar el resto junto con los recortes del cordero para elaborar el jugo (véase técnica en página 321). Reservar la grasa para la presentación.

Paso 2

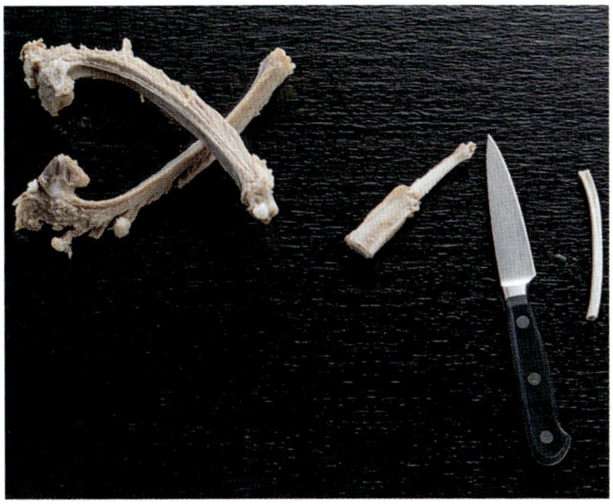

- Aparte, cocer los 4 huesos del carré reservados en agua durante 10 min. Limpiar los huesos (manchonner) con un cuchillo deshuesador y partirlos por la mitad. Reservar para la presentación.

- Bridar el lomo de cordero y reservar.

Paso 3

- Partir las berenjenas a lo largo y realizar incisiones. Salpimentar y aliñar con aceite. Cocinar en papillote con papel de horno y envuelto en papel de aluminio. Hornear a 160 °C durante 25-30 min o hasta que estén bien blandas. Sacar la carne con una cuchara y dejar escurrir 15 min. Reservar.

- Triturar la berenjena con los ajos pelados, el tahini y el zumo del ½ limón. Rectificar de sal y pimienta, y reservar.

Paso 4

- Mientras tanto, pelar las 2 cebollas y cortarlas en discos de 1 cm de grosor. Sazonar y cocer en papillote al igual que las berenjenas. Reservar. Justo en el momento de servir, glasearlas con un poco de jugo de cordero.

Paso 5

- Partir las mini berenjenas en 4 gajos. Sazonar, realizar incisiones y saltearlas en aceite de oliva a fuego fuerte durante 5 min. Dorar bien todos los lados. Reservar.

Paso 6

- Desenvainar las habas, cocerlas a la inglesa, repelarlas y reservar.
- Realizar una chiffonade de cilantro y de menta (véase técnica en página 298), añadir a las habas peladas con aceite de oliva, calentar en el momento de servir y sazonar.

Paso 7

- Atemperar el lomo durante 10 min. Calentar aceite y sellar el lomo de cordero a fuego vivo. Añadir mantequilla y los dientes de ajo. Regar continuamente para obtener una cocción regular. Según el tamaño puede tardar entre 3 y 5 min. Dejar reposar sobre una rejilla y retirar la cuerda de cocina.

Paso 8

- Calentar las guarniciones y la salsa, quitar la cuerda del lomo y realizar un agujero cada 5 cm para pinchar los huesos limpios dentro.
- Cortar entre cada hueso y presentar. Añadir las guarniciones y el jugo en el plato con la grasa reservada, dejando caer algunas gotas encima. Decorar con los brotes de cilantro.

Pollo de corral

en salsa de mostaza, bok-choy y trigo

Dificultad: ♦♦

Comensales: 4

Utensilios:

Batería de cacerolas

Set de cuchillos

Tabla de cortar

Colador

Varillas

Cuerda de cocina

Ingrediente principal

1 pollo

Salsa

120 g de mirepoix (cebolla, apio, zanahoria)

50 g de mostaza de Dijon

1 l de fondo blanco de ave (véase técnica en página 322)

150 ml de nata agria

200 ml de vino blanco

2 dientes de ajo en camisa

2 ramas de tomillo

1 bouquet garni

Jugo de cocción de los champiñones

Perejil picado (véase técnica en página 298)

Champiñones

12 unidades de champiñones botón

1 limón

Mantequilla

Sal

Trigo

100 g de trigo

30-40 cl de fondo de ave o agua

30 g de mantequilla

Sal

Guarnición

4 unidades de bok-choy baby

Mantequilla

Presentación

Mostaza antigua

Brotes de mostaza

Elaboración

Paso 1

- Habiller y cortar el pollo en 6 partes: pechugas (supremas), muslos y contramuslos (véase técnica en página 310).
- Separar las alas de las pechugas y reservarlas. Deshuesar totalmente los contramuslos, enrollarlos en sí mismos y bridarlos.
- Cortar los extremos de los muslos y limpiarlos bien (manchonner).

Paso 2

- Sazonar y sellar en aceite las pechugas por el lado de la piel hasta que tomen un poco de color. Retirar y reservar en frío.

- Sellar los muslos y contramuslos hasta que estén dorados por todos los lados. Retirar y añadir los dientes de ajo, la mirepoix y las ramas de tomillo. Sofreír unos minutos, desgrasar con un colador y desglasar con el vino blanco. Dejar que reduzca las $2/3$ partes, mojar con el fondo de ave y añadir el bouquet garni.

- Incorporar los muslos, contramuslos y alas, tapar y cocer en el horno a 120 °C unos 35-40 min o hasta que la carne esté bien blanda.

- Sacar del horno, retirar los muslos, contramuslos y alas, y echar las pechugas. Pochar lentamente a fuego suave sin dejar que hiervan unos 10 min o hasta que la carne esté firme. Retirar y reservar las pechugas.

Paso 3

- Colar el caldo y dejar que reduzca para concentrar el sabor. Añadir la nata y volver a reducir hasta conseguir textura napante.

- Una vez conseguida la textura napante, apartar del fuego y agregar la mostaza de Dijon, un poco del jugo de cocción de los champiñones y el perejil picado. Rectificar la sazón. Reservar los trozos de pollo dentro de la salsa hasta el momento de servir.

- Fundir los 30 g de mantequilla y añadir el trigo. Sudar sin que coja color. Verter el fondo de ave, cocer lentamente unos 20 min y reservar.

Paso 4

- Lavar los bok-choy y cocerlos a la inglesa durante 1 min. Separar las hojas y secarlas en papel absorbente.
- Recalentar con mantequilla justo antes de servir.
- Mientras tanto, fundir mantequilla en un poco de agua y añadir unas gotas de limón y sal. Cuando esté caliente, agregar los champiñones torneados (opcional) y cocer unos 3-4 min.

Paso 5

- Servir un muslo o un contramuslo y una mitad de ala en un plato. Partir las pechugas a lo largo y disponer media en el plato. Acabar con el bok-choy, el trigo y los champiñones glaseados. Decorar con unos puntos de mostaza antigua y brotes de mostaza.

Manitas de cerdo

con trufa y lentejas beluga

Dificultad:

Comensales: 4

Utensilios:

Batería de cacerolas
Set de cuchillos
Mandolina
Escurridor
Boles
Varillas
Chino fino
Cortapastas
Soplete
Pincel

Ingredientes principales

2 manitas de cerdo limpias
2 l de agua
150 ml de vino blanco
4 dientes de ajo en camisa
1 zanahoria en cuartos
1 tallo de apio
1 cebolla
1 bouquet garni
Sal gorda
Pimienta en grano

Cocción de las lentejas beluga

120 g de lentejas beluga
30 g de jamón ibérico
500 ml de agua
1 diente ajo en camisa
1 bouquet garni
½ cebolla
½ zanahoria en cuartos

Lentejas

750 ml de fondo de ternera
30 g de brunoise de zanahoria
30 g de chalota picada (ciselée)
20 g mantequilla
1 diente ajo picado
Sal al gusto
Pimienta recién molida

Aliño de las manitas

10 g de trufa picada
Sal al gusto
Pimienta recién molida

Vinagreta

5 g de mostaza de Dijon
5 ml de vinagre de Jerez
20 ml de aceite de oliva
1 cucharada de perifollo picado
Sal al gusto
Pimienta recién molida

Presentación

10 g de trufa
Hojas de perifollo

Elaboración

Paso 1

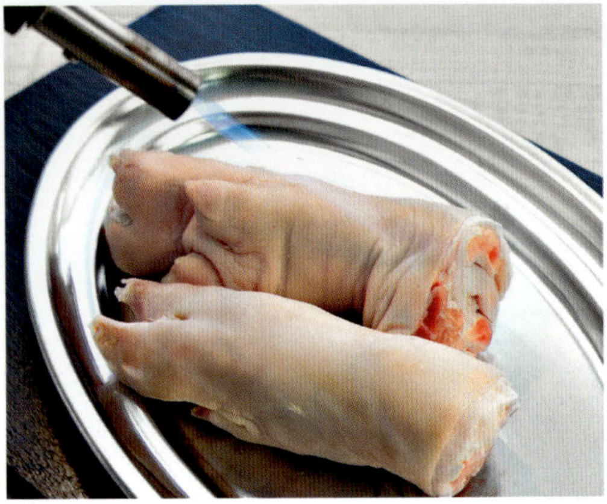

Elaborar el día anterior

- Quemar el exceso de pelo de las manitas con un soplete y ponerlas en una olla ancha. Cubrir de agua, llevar a hervor y espumar según se necesite.

- Cambiar el agua de las manitas, añadir la guarnición aromática y los demás ingredientes, y cocer lentamente unas 3 h 30 min. Las manitas estarán cocidas cuando la piel y los tendones no ofrezcan resistencia a la presión de los dedos.

- Mientras, reducir el fondo de ternera hasta conseguir unos 250 ml y obtener una textura napante.

Paso 2

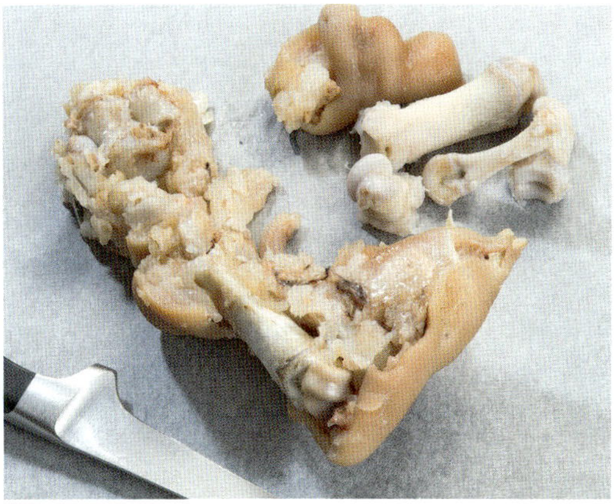

- Una vez en su punto de cocción, deshuesar las manitas de cerdo en caliente y picar finamente. Añadir la trufa picada, sazonar con sal y pimienta, y estirar para lograr ½ cm de grosor. Reservar en frío una noche y después cortar.

- Cocer las lentejas lentamente unos 35 min con la guarnición aromática, la verdura, el jamón ibérico y el agua, y espumar cuando se necesite.

- Retirar la guarnición aromática y colar las lentejas.

Paso 3

- Sudar en la mantequilla la chalota, la brunoise de zanahoria y el ajo picado. Añadir las lentejas escurridas y ligar con el fondo de ternera reducido. Rectificar la sazón y reservar.

Paso 4

- Mezclar en un bol el vinagre y la mostaza. Sazonar con sal y pimienta, y emulsionar poco a poco incorporando el aceite y el perifollo picado.

Paso 5

Marcar las manitas de cerdo a la plancha o gratinar al horno, y aliñar con la vinagreta y un pincel.

Paso 6

Disponer las lentejas en un plato hondo y sobre estas la manita aliñada. Terminar con un poco de fondo reducido (opcional) y decorar con láminas de trufa y hojas de perifollo.

Conejo
con aceitunas negras, flor de calabacín en tempura y concassé de tomate

Dificultad: ★★★

Comensales: 4

Utensilios:

Batería de cacerolas
Set de cuchillos
Vaso americano
Boles
Chino fino
Sartén parrilla
Cuerda de cocina
Rejilla pequeña

Ingrediente principal

1 conejo deshuesado y partido (véase técnica en página 316)

Jugo de conejo

Huesos del conejo
60 g de mantequilla
15 g de concentrado de tomate
1 l de fondo blanco de ave (véase técnica en página 322)
100 ml de vino blanco
60 g de chalotas laminadas (émincer)
2 dientes de ajo
1 rama de tomillo
1 hoja de laurel
1 tallo de apio en rama
1 tallo de romero
Sal y pimienta

Concassé de tomate

300 g de tomate concassé (véase técnica en página 290)
60 g de chalotas
1 diente de ajo picado
Aceite de oliva c. s.
Sal

Mini calabacín y flor de calabacín en tempura

4 mini calabacines con sus flores
50 g de harina de arroz
60 g de agua fría
Sal

Salsa

Jugo de conejo
15 g de aceitunas negras de Aragón deshuesadas

Polvo de aceituna

100 g de aceitunas negras deshuesadas

Presentación

Polvo de aceitunas negras
Brotes de cilantro

Elaboración

Paso 1

- Escurrir y deshuesar bien las aceitunas. Secar en el microondas entre 10 y 15 min a potencia media. Triturar en un vaso americano hasta convertirlas en polvo.

- Deshuesar y trocear el conejo (véase técnica en página 316). Rellenar el râble con los lomos y bridar. Reservar los riñones.

- Salpimentar los trozos de conejo (el râble y las patas traseras). Calentar la mantequilla en una sartén y sellar los trozos hasta obtener una coloración regular. Retirar y reservar.

- Trocear los huesos del conejo y colorearlos. Añadir el resto de la mantequilla y los demás ingredientes menos el vino. Dejar sudar unos minutos y escurrir la grasa. Desglasar con el vino blanco y reducir a seco.

Paso 2

- Incorporar el fondo de ave y dar un hervor. Disponer los trozos de conejo reservados, tapar y hornear a 120 °C durante 20 min aproximadamente. Para verificar la cocción interna, realizar una incisión en una de las patas y buscar una textura firme pero jugosa. Retirar las patas y el râble, y dejar reposar.

- Hacer el concassé (véase técnica en página 290).

- Pelar las chalotas, cortarlas en ciselée y sudarlas en el aceite de oliva, junto con el ajo picado. Luego, añadir el tomate y cocer a fuego suave durante 20 min. Rectificar la sazón y reservar.

Paso 3

- Colar la salsa con ayuda de un chino fino y reducir hasta obtener un sabor concentrado y una textura napante. Añadir las aceitunas picadas.

Paso 4

- Deshuesar las patas traseras y partirlas a lo largo en dos. Retirar la cuerda de cocina del râble y reservar todos los trozos en la salsa.

Paso 5

- Separar los pétalos de las flores de calabacín, desechando el pistilo. Rebozar en la tempura (harina de arroz y agua) y freír a 180 ºC durante 40 s aproximadamente. Reservar sobre papel absorbente.

Paso 6

- Limpiar los calabacines y cocerlos a la inglesa durante 2 min. Partir a lo largo en dos trozos, sazonar y marcar en una sartén parrilla.

Paso 7

- Sellar los riñones reservados en mantequilla y servirlos ligeramente rosados.

Paso 8

- Cuadrar ligeramente los extremos del râble para igualarlo, cortar en cuatro medallones, disponer cada uno de ellos junto con una porción de pata y salsear. Colocar una quenelle de tomate, añadir el calabacín y las flores, espolvorear con la aceituna en polvo y terminar con medio riñón partido. Decorar opcionalmente con algunos brotes de cilantro.

Pulpo con carrilleras
y garbanzos

Dificultad: ★★★

Comensales: 6-8

Utensilios:

Batería de cacerolas

Set de cuchillos

Chino fino

Ingredientes principales

Patas de pulpo cocido

Aceite de oliva

Carrilleras al vino

1 kg de carrilleras de cerdo ibérico

100 g de tomate concassé

70 g de cebolla mirepoix

50 g de zanahoria mirepoix

50 g de apio mirepoix

400 ml de caldo de carne

300 ml de vino tinto

2 dientes de ajo en camisa

1 bouquet garni

Aceite de oliva

Sal y pimienta

Estofado de garbanzos

1 pulpo de unos 2 kg (congelado durante al menos 24 h)

150 g de garbanzos (remojados la noche anterior en agua templada)

1 cebolla

1 hoja de laurel

Perejil picado

Sal y 10 granos de pimienta

Presentación

Sal Maldon

Elaboración

Paso 1

- Cocer el pulpo (véase técnica en página 318).
- Una vez frío, cortar las patas en dados pequeños para el estofado de garbanzos y en lingotes para el salteado final.

Paso 2

- Cocer los garbanzos en el agua templada de la cocción del pulpo previamente colada.
- Cuando estén tiernos, añadir los dados de pulpo, el perejil picado y sazonar. El caldo debe quedar concentrado en sabor y textura.

Paso 3

- Limpiar, sazonar y marcar las carrilleras y los recortes en aceite de oliva. Estos aportarán sabor y textura a la salsa final.

- Una vez marcadas, reservar aparte.

Paso 4

- Sofreír durante unos minutos la cebolla, la zanahoria, el apio en mirepoix y los dientes de ajo en el mismo recipiente de marcar las carrilleras. Añadir el bouquet garni.

- Añadir el tomate concassé (véase técnica en página 290) y rehogar hasta que no quede nada de agua. Luego, desglasar con el vino e incorporar las carrilleras y los recortes.

- Cocer lentamente hasta que se reduzca a las ¾ partes y mojar con el caldo de carne. Estofar hasta que estén tiernas.

Paso 5

- Una vez cocidas, reservar aparte y colar el resto. Desechar la parte sólida y reducir el caldo hasta obtener una textura de salsa. Volver a incorporar las carrilleras y sazonar.
- Saltear en el último momento los lingotes de pulpo.

Paso 6

- Presentar el estofado de garbanzos en un pequeño recipiente y en un plato sopero una carrillera salseada con un lingote de pulpo salteado y unas escamas de sal Maldon por encima.

Del mar

Merluza en salsa verde intensa

con dúo de espárragos

Dificultad: 2

Comensales: 4

Utensilios:

Batería de cacerolas
Set de cuchillos
Tabla de cortar
Pinzas de pescado
Chino fino
Estameña
Varillas
Vaso americano
Cuerda de cocina

Ingredientes principales

1 merluza de 1-1,2 kg aproximadamente
240 g de almejas
10 espárragos verdes
10 espárragos blancos
Azúcar
Sal y pimienta

Clorofila de perejil

200 g de perejil
100 ml de agua

Fumet

Espinas y cabeza de la merluza
100 g de cebolla
50 g de puerro
50 g de chalota
Agua c. s. para cubrir las espinas
Aceite de oliva

Salsa verde

75 g de cebolleta fresca
75 g de vino blanco
3 dientes de ajo picados
25 g de harina
750 ml de fumet

Presentación

2 espárragos blancos para laminar en crudo
Perejil
2 espárragos verdes para laminar en crudo
AOVE

Elaboración

Paso 1

- Limpiar la merluza, filetear y reservar. Sumergir las espinas en agua con hielo para desangrar.

Paso 2

- Extraer la clorofila del perejil (véase técnica en página 299) .

Paso 3

- Elaborar un fumet con las espinas, la cabeza de la merluza y las verduras (véase técnica en página 326).

Paso 4

- Sofreír los ajos y la cebolleta de la salsa verde. Incorporar la harina, rehogar, verter el vino y reducir a seco. Mojar con el fumet y cocer. Reducir hasta obtener la textura deseada (ligeramente napante).

Paso 5

- Reservar 2 espárragos crudos laminados de cada variedad para la presentación.
- Cocer los espárragos verdes bridados a la inglesa. Aparte, cocer suavemente los blancos bridados con un poco de azúcar y sal. Conservarlos hasta el momento de emplatar en su líquido de cocción.
- Freír el perejil y reservar.

Paso 6

- Abrir las almejas al vapor, filtrar el caldo y añadirlo a la salsa verde. Reservar las almejas en la nevera hasta el momento de servir.

Paso 7

- Desespinar la merluza, racionar en porciones de unos 150-170 g, salpimentar y marcar.
- Terminar al horno a unos 150 °C hasta que esté en su punto óptimo de cocción.

Paso 8

- Echar la clorofila en la salsa y calentar suavemente antes de servir. Mientras, recalentar los espárragos cocidos con un golpe de horno dentro del agua de cocción. Hacer lo mismo con las almejas en la salsa.
- Para la presentación, disponer en un plato la salsa verde. Colocar en el centro la merluza y los espárragos para dar volumen. Terminar con las almejas, el perejil frito y unas gotas de AOVE.

Vieiras con chirivía,

vainilla y salsa de lima kaffir

Dificultad: (1)

Comensales: 4

Utensilios:

Batería de cacerolas
Set de cuchillos
Tabla de cortar
Chino fino
Rallador grueso
Batidora de mano

Ingredientes principales

8 nueces de vieira
Aceite de oliva
Sal y pimienta blanca

Salsa

50 g de chalotas
3 g de lecitina de soja
200 ml de fumet de pescado
100 ml de vino blanco
100 ml de nata
100 ml de leche
2 ramas de citronela
2 hojas de lima kaffir
Zumo de limón
Sal

Chirivía

4-6 chirivías
50 g de mantequilla
150 ml de agua
1 rama de vainilla
250 ml de aceite de girasol
Flor de sal

Presentación

Brotes de cilantro
Ralladura de lima

Elaboración

Paso 1

- Reservar las nueces de vieira en la nevera.

Paso 2

- Sudar las chalotas picadas (ciseler) con las hojas de lima kaffir y la citronela partida. Añadir el vino blanco y dejar que reduzca $^{2}/_{3}$ partes. Mojar con el fumet de pescado y reducir hasta obtener un caldo concentrado.

Paso 3

- Pasar por un chino fino. Verter la leche y la nata. Reducir si es necesario. Agregar luego unas gotas de limón y rectificar la sazón. Incorporar entonces la lecitina de soja, batir y reservar.

- Pelar y lavar las chirivías. Reservar una para freír. Partir el resto a lo largo en cuartos, cortar la parte central y dar forma de bastones. Glasear en agua y mantequilla. Añadir la rama de vainilla abierta al final, y verificar su cocción con una puntilla (debe introducirse sin forzar). Reducir el jugo de cocción hasta conseguir un aspecto de glaseado y reservar.

Paso 4

- Rallar la chirivía reservada con un rallador grueso y freír a 160 °C. Escurrir sobre papel absorbente y añadir flor de sal.

- Mientras, calentar aceite en una sartén y colocar las vieiras salpimentadas. Tienen que quedar bien selladas. Cuando tengan color, darles la vuelta y sellar por el otro lado. Calcular entre 30 y 45 s aproximadamente por cada lado, en función del tamaño de la nuez. Retirar y reservar.

Paso 5

- Calentar los bastones de chirivía y rebozar la mitad con el crumble de chirivía frita.

Paso 6

- Emulsionar la salsa con una batidora de mano dejando parte del cabezal fuera de la mezcla para que se airee bien.

Paso 7

- Montar 2 bastones de chirivía, disponer encima 2 más de los cubiertos con el crumble y colocar luego las vieiras.
- Servir la salsa alrededor de las chirivías, y acabar con brotes de cilantro y ralladura de lima.

Filete de salmonete

a la plancha, hinojo, salsa con azafrán y patata soufflé

Dificultad: 2

Comensales: 4

Utensilios:

Batería de cacerolas
Set de cuchillos
Tablas de cortar
Termómetro
Chino fino
Mandolina
Pinzas de pescado

Ingredientes principales

2 salmonetes con vísceras de 500 g cada uno
Pimiento de Espelette al gusto
Sal

Hinojo al zumo de naranja

1 hinojo
150 ml de zumo de naranja
0,5 g de azafrán
Aceite de oliva
Sal

Salsa con azafrán

Agua c. s.
150 g de tomates
60 g de los recortes del hinojo
40 g de cebolla laminada (émincer)
20 g de albahaca
20 g de Pastis
15 g de concentrado de tomate
1 g de pimiento de Espelette
0,5 g de azafrán
1 diente de ajo pelado y machacado
Cabezas y espinas de los salmonetes
40 ml aceite de oliva suave
Sal

Patatas soufflés

2 patatas variedad agria de 400 g cada una
Flor de sal
1 l de aceite de girasol

Elaboración

Paso 1

- Cortar las aletas, descamar y eviscerar los salmonetes. Lavar debajo del grifo y secar.
- Filetear y retirar las espinas. Lavar, secar y reservar en frío, envuelto en film transparente.
- Trocear las espinas y retirar los ojos de la cabeza, además de las branquias. Desangrar en agua con hielo y reservar para la salsa.

Paso 2

- Mientras tanto, exprimir el zumo de naranja para el hinojo. Recortar los tallos, reservar para la salsa y cortar el bulbo en gajos. Lavar y secar.

Paso 3

- Colorear los gajos de hinojo ligeramente por ambos lados con aceite de oliva.
- Cocer lentamente con el zumo de naranja y el azafrán hasta que se haga. Sazonar, tapar y reservar.

- Para preparar la salsa, sudar en el aceite de oliva la cebolla, los recortes de hinojo y el ajo hasta que todo se ponga translúcido.
- Agregar los tomates troceados, el concentrado y dejar que se haga una compota.

- Añadir las cabezas y las espinas bien escurridas, el Pastis, el pimiento de Espelette y agua.

Paso 4

- Tapar y cocer durante 30 min a fuego bajo. Añadir la albahaca y el azafrán. Infusionar durante 15 min.

- Para hacer las patatas, dividir el aceite en dos cazos y calentar uno de ellos a 170 °C.

- Después, colar y dejar que reduzca hasta que espese. Pasar por un chino y sazonar.

- Pelar las patatas, lavarlas y laminarlas a lo largo con la mandolina con un grosor de 3 mm. Recortar las láminas y secar por ambas caras.

Paso 5

- Introducir las patatas en el cazo de aceite frío, subir la temperatura poco a poco removiendo las patatas todo el tiempo sin superar los 120 °C. Al cabo de 5 min aproximadamente aparecerán burbujas en la patata.
- Pasarlas al cazo con el aceite a 170 °C para que suflen. Retirarlas inmediatamente sobre una bandeja con papel absorbente.
- Dejar los filetes de pescado unos minutos a temperatura ambiente, sazonar y marcar en una sartén antiadherente unos 30 s de cada lado, empezando por el de la piel. Reservar.
- En el momento de emplatar, terminar las patatas a 160 °C (volverán a inflarse) y sazonar con flor de sal.

- Disponer la salsa a la izquierda del plato y encima, uno de los filetes de pescado. Completar con el hinojo a la derecha y las patatas servidas aparte.

Chipirones y cigalas
en jugo de berberechos y salicornia

Dificultad:

Comensales: 4

Utensilios:

Batería de cacerolas

Set de cuchillos

Chino fino

Varillas

Batidora de mano

Estameña

Ingredientes principales

400 g de berberechos

8 cigalas de 80 g cada una

8 chipirones

Aceite de oliva c. s.

Cocción a la marinera

100 ml de vino blanco

2 chalotas

1 diente de ajo

1 rama de tomillo

40 g de mantequilla

Jugo de cabezas

2 tomates

100 ml de vino blanco

Cabezas de las cigalas

Agua c. s

Recortes de los chipirones

Caldo de la cocción de los berberechos

Aceite de oliva c. s

Guarnición

250 g de acelgas

20 g de salicornia

8 cebolletas francesas peladas

30 g de mantequilla

Agua c. s que no cubra las verduras

Zumo de ½ limón

1 cucharada de aceite de oliva

Sal y pimienta

Salsa

40 g de mantequilla

60 ml de nata líquida

Jugo de las cabezas de las cigalas

Sal

Elaboración

Paso 1

- Limpiar los chipirones separando primero los cuerpos de las cabezas. Cortar los tentáculos justo debajo de los ojos y quitar la boca. Pelar el tubo y quitar las aletas (reservar para el jugo). Retirar la pluma y las vísceras del tubo y, con la ayuda del dedo pulgar, darle la vuelta sobre sí mismo. Limpiar con agua fría y secar.

- Abrir 4 de los tubos a lo largo y hacer incisiones con un cuchillo en forma de cuadrícula. Reservar el resto de los tubos de los chipirones.

- Separar las colas de las cabezas de las cigalas, pelar los cuerpos y dejar el último anillo de la cola, retirar los intestinos y reservar las cabezas.

Paso 2

- Para preparar los berberechos a la marinera, sudar en la mantequilla las chalotas y el ajo laminados, agregar los berberechos, el tomillo y el vino, y cocer tapados hasta que se abran.
- Filtrar el jugo de la marinera por una estameña y reservar los berberechos con su concha.

Paso 3

- Escaldar los tomates en agua hirviendo, enfriarlos en agua con hielo, perlarlos, quitarles las pepitas y picarlos muy finos.
- Sofreír los recortes de los chipirones y las cabezas de las cigalas en el aceite de oliva, agregar el tomate y continuar sofriendo unos 3 min. Mojar con el vino blanco y dejar que reduzca a la mitad. Agregar el caldo de los berberechos, completar con agua hasta cubrir y cocer 25 min. Colar por un chino fino, añadir la nata, hervir un par de minutos y reservar.

Paso 4

- Limpiar la salicornia, cocerla a la inglesa (en agua hirviendo con sal), refrescar y reservar. Limpiar las acelgas, quitar los tallos, perlarlos y cortarlos. Reservar en un recipiente con 30 g de mantequilla y aproximadamente 50 ml de agua.

- Cortar las cebolletas por la mitad y caramelizarlas lentamente con un poco de aceite de oliva. Sazonar.

- Juntar las diferentes verduras en una cacerola con el agua, la mantequilla, el limón, sal y pimienta.

Paso 5

- Para hacer la salsa, recuperar el jugo obtenido anteriormente, reducir a la mitad, verter la nata y volver a reducir hasta obtener una textura napante. Añadir al final la mantequilla y sazonar.

Paso 6

- Sazonar los chipirones y las cigalas, sellar los chipirones y sus cabezas por cada lado, y hacer lo mismo con las cigalas. Reservar.

- Justo antes de presentar, glasear las verduras y emulsionar la salsa con una batidora de mano hasta que quede espumosa.

Atún rojo a la plancha

con caviar de quinoa, pepino y algas

Dificultad:

Comensales: 4

Utensilios:

Batería de cacerolas
Set de cuchillos
Tabla de cortar
Chino fino
Boles
Exprimidor
Varillas
Sartén parrilla
Mandolina
Espumadera
Colador

Ingredientes principales

600 g de atún rojo
Aceite de oliva
Sal

Caldo dashi

25 g de katsuobushi
10 g de alga kombu
4 g de tinta de calamar
1 l de agua
10 ml de vino fino D. O. Jerez

Quinoa

400 ml de caldo dashi
200 g de pepino
140 g de quinoa
10 g de alga wakame seca
10 g de lechuga de mar
2 tomates
Maicena suficiente para el rebozado
Sésamo blanco y negro
1 l de aceite de girasol
Sal

Aliño

25 ml de zumo de limón
25 ml de mirin
20 g de azúcar
15 g de mostaza de Dijon
15 g de cebolleta fresca ciselée
2 clavos de olor en polvo
1 chile picado
1 cucharilla de café de eneldo picado
30 ml de AOVE
10 g de sal

Presentación

Eneldo
Sal Maldon

Elaboración

Paso 1

- Porcionar el atún en 4 tacos de 140 g cada uno, con un cuchillo fileteador de pescado. Reservar.
- Limpiar con papel de cocina los restos de sales que pueda tener el alga kombu.

Paso 2

- Calentar el agua con el kombu y cuando comience a burbujear retirar del fuego y añadir el katsuobushi. Cuando se haya sumergido, quitar la espuma y colar. Se pueden conservar los restos para reutilizarlos una vez más.
- Reducir el caldo junto con la tinta de calamar hasta los 400 ml. Una vez fuera del fuego, verter el vino de Jerez y reservar.

Paso 3

- Lavar la quinoa bajo el grifo hasta que desaparezca por completo la espuma que se produce. Luego, marcar en un cazo, verter el dashi y cocer tapado a fuego bajo durante 15-20 min aproximadamente hasta que el caldo se haya absorbido y la quinoa esté blanda.

- Cortar cada tomate en 4 gajos, retirar la pulpa con la puntilla y cortar su carne en daditos. Reservar.
- Lavar, pelar y retirar las pepitas del interior del pepino, y cortarlo en juliana. Reservar.

- Hervir agua. Realizar una cruz en la base de los tomates con la ayuda de una puntilla y escaldar. Después, enfriar en hielo y agua, y pelar.

Paso 4

- Hidratar el wakame durante 20 min en agua templada y repetir la acción con la lechuga de mar en agua con sal durante 5 min. Sacar del agua y secar muy bien.
- Rebozar con la maicena y freír en abundante aceite de girasol a 160 °C hasta que estén crujientes. Reservar sobre papel absorbente y espolvorear con la mezcla de sésamos.

Paso 5

- Realizar el aliño mezclando todos los ingredientes.

Paso 6

- Rociar los tacos de atún con aceite y salar. Atemperar fuera de la nevera unos minutos antes de cocinarlos.
- Marcar el atún en una sartén parrilla por todas sus caras. Sus laterales deben de tomar color; el interior debe de quedar rojo, pero caliente.

Paso 7

- Mezclar la quinoa, el pepino y el tomate con unas cucharadas de aliño.
- Cortar en dos los tacos de atún para ver bien el punto de cocción, sazonar los cortes con sal Maldon, colocar en la base la quinoa y entre los tacos algunas algas fritas.

- Incorporar el pepino y el tomate, y terminar con unas hojas de eneldo fresco. Rociar el conjunto con el aliño.

Postres y meriendas

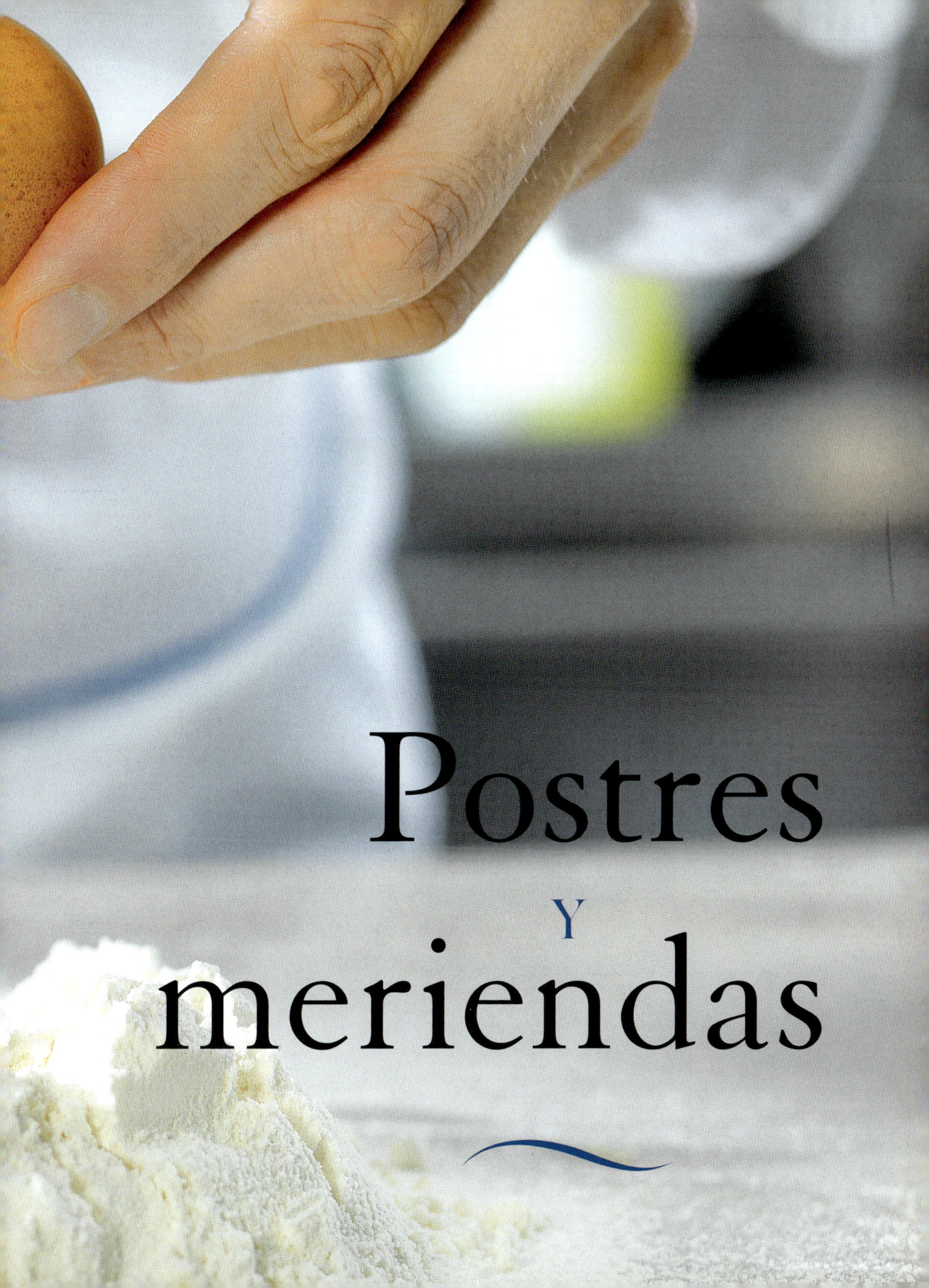

Macarons de capuchino

Dificultad: ★★★

Comensales: 4

Utensilios:

Batería de cacerolas

Mangas pasteleras

Boquillas lisas nº 6 y 8

Bandeja de horno

Robot de cocina

Lengua de silicona

Boles

Varillas

Termómetro

Masa para los macarons

165 g de azúcar

150 g de azúcar glas

150 g de almendras en polvo

115 g de clara de huevo

50 ml de agua

Colorante en polvo o gel color caramelo o similar

Relleno de capuchino

285 g de chocolate con leche

33 g de almendras en polvo

10 g de café soluble

225 ml de nata 35 % M. G.

Elaboración

Paso 1

- Cocer el agua a 116 °C con 150 g de azúcar.

- Volcar este jarabe en forma de hilo sobre 60 g de clara batida a punto de nieve con los 15 g de azúcar restante. Seguir batiendo durante 10 min o hasta que el merengue esté tibio.

- Mezclar bien un poco de merengue con el colorante, sobre todo si es en polvo, y reservar el resto.

- Añadir el merengue teñido al blanco y continuar batiendo 1 min más hasta homogeneizar todo el color.

Paso 2

- Juntar el azúcar glas con las almendras en polvo y triturar con la ayuda de un robot de cocina o similar.

Paso 3

- Añadir al merengue italiano la mezcla triturada anterior y los 55 g de clara de huevo restantes.

- Remover con una lengua hasta que la masa esté lisa y brillante.

Paso 4

- Rellenar con la crema una manga pastelera con una boquilla lisa pequeña (por ejemplo, la del n.º 6) y escudillar los macarons.
- Dejarlos secar a temperatura ambiente durante 20 min.

- Precalentar el horno a 140 °C y cocinarlos 15 min aproximadamente hasta que estén firmes.

Paso 5

- Mientras, calentar la nata con el café soluble. Retirar del fuego y añadir el chocolate sin derretir.

Paso 6

- Remover bien y añadir los 33 g de almendra en polvo y seguir removiendo hasta conseguir una mezcla lisa y homogénea.

- Reservar en la nevera y sacar unos minutos antes de utilizarla para que adquiera la consistencia correcta.

- Cuando los macarons estén fríos, rellenarlos con la ganache de capuchino.

- Reservar en la nevera durante 1 h y luego conservarlos a temperatura ambiente protegidos dentro de una caja cerrada.

Croissants Le Cordon Bleu

Dificultad: 3/3

Comensales: 4

Utensilios:

- Amasadora eléctrica o batidora con gancho
- Bandeja de horno
- Rodillo
- Boles

Masa para croissants (poolish)

225 g de agua a 28 °C

185 g de harina floja

20 g de levadura

Amasado y leudado de 1 hora

500 g de harina floja

220 ml de agua

50 g de mantequilla pomada

10 g de sal

60 g de azúcar

40 g de leche en polvo

20 g de levadura fresca

Vueltas (tourage)

250 g de mantequilla

Elaboración

Paso 1

- Disolver la levadura en el agua. Mezclar el resto de ingredientes de la masa con una amasadora. Añadir la levadura disuelta en el agua y trabajar durante 10 min o hasta que la masa tenga un aspecto liso.

- Después, bolear y dejar que repose dentro de un bol pequeño y tapado durante 45 min aproximadamente.

Paso 2

- Transcurrido el tiempo, quitar los gases aplastando la masa hasta que quede plana y reservar cubierta con film transparente en la nevera durante 1 h.
- Mientras tanto, dar forma rectangular o cuadrada a los 250 g de mantequilla con un rodillo hasta que se ablande. Proteger con film transparente y reservar en la nevera hasta que recupere su textura firme.

Paso 3

- Una vez transcurrido el tiempo, sacar la masa de la nevera y colocarla sobre una superficie enharinada y estirarla justo el doble que la mantequilla.
- Poner en el centro el rectángulo de mantequilla. Doblar los laterales de tal forma que envuelvan la mantequilla y se unan en el centro. Apretar un poco para sellar la unión.

Paso 4

- Estirar de arriba a abajo hasta obtener 3 veces su longitud. Plegar la masa en 3, doblando el primer tercio de arriba hacia abajo y el tercio restante sobre el anterior. Reservar en la nevera 30 min cubierta con film transparente.
- Repetir el proceso 2 veces más guardando los reposos correspondientes. Antes de comenzar a estirar con el rodillo es importante asegurarse de que el cierre de la masa queda a la derecha.

Paso 5

- Estirar la masa hasta conseguir unos 4 mm de grosor.

- Recortar triángulos de 25 cm de altura por 8 cm de base. Realizar un pequeño corte de 1 cm en la base para que la masa se estire correctamente. Enrollarlos, sin presionar demasiado, para dar forma de croissant.

Paso 6

- Colocarlos sobre una bandeja forrada con papel de horno (con la precaución de dejar el pico o punta de los croissants hacia abajo) y dejarlos fermentar hasta que dupliquen el tamaño.

- Pintarlos con cuidado con el huevo batido y cocinarlos en el horno precalentado a 170 °C durante 20 min aproximadamente.

Brioche de mantequilla

Dificultad: ★★

Comensales: 8

Utensilios:

Amasadora eléctrica o batidora con gancho

Bandejas de horno

Boles

Cuchillo afilado

Molde rectangular

Termómetro

Ingredientes principales

250 g de harina de fuerza

250 g de harina normal

250 g de huevos

225 g de mantequilla

20 g de levadura fresca

75 g de leche (a temperatura ambiente)

75 g de azúcar

Aceite de oliva

12 g de sal fina

Presentación

1 huevo batido

Elaboración

Paso 1

- Disolver la levadura en la leche hasta que no queden grumos.
- Verter las dos harinas con la sal y el azúcar, y trabajar a velocidad baja en la amasadora para que se mezclen. Batir ligeramente los huevos e incorporar a la mezcla anterior. A continuación, agregar la levadura disuelta en la leche y continuar amasando unos 18 min más.

Paso 2

- Cuando la masa haya adquirido una textura lisa, incorporar en 2 o 3 veces la mantequilla cortada en cubos y a temperatura ambiente. Esperar a que la masa quede homogénea antes de agregar los siguientes trozos de mantequilla.

- Continuar amasando otros 15 min o hasta que esté completamente lisa y se despegue de las paredes del bol con facilidad (la temperatura de la masa debe estar entre los 25 y los 26 °C).

Paso 3

- Dejarla que repose a temperatura ambiente, siempre dentro del bol y tapada con un trapo seco, hasta que duplique su volumen. Sacar y, sobre una superficie aceitada, golpear con las manos fuertemente para desgasificarla.

Paso 4

- Reservar en la nevera al menos 8 h para que la masa adquiera cuerpo y pueda moldearse con facilidad.
- Dar la forma que se desee y dejar fermentar hasta que duplique otra vez el volumen en una zona cálida y sin corrientes de aire.

Paso 5

- Dividir la masa en trozos de 40 g y bolear hasta que queden perfectamente redondos.

- Colocar las bolas de masa en zig zag dentro de un molde rectangular y dejar que dupliquen su volumen. Pintar con el huevo batido y cocinar en un horno precalentado a 170 °C hasta que estén bien dorados, unos 15 min aproximadamente.

Paso 6

* Si se busca una presentación individual, se puede utilizar un mayor peso de masa para realizar cada una de las bolas y colocarlas por separado en una bandeja de horno.

* Antes de hornear, dejar fermentar en una zona sin corriente hasta que duplique su tamaño. Pintar con huevo batido y realizar una cruz en la superficie con ayuda de un cuchillo afilado.

* Añadir azúcar en el centro y cocinar en un horno precalentado a 170 °C hasta que estén bien dorados, 10 min aproximadamente.

Milhojas con crema de vainilla
y salsa de caramelo

Dificultad: ★★★

Comensales: 4

Utensilios:

Batería de cacerolas

Rodillo

Bandeja de horno

Boles

Rejilla

Varillas

Manga pastelera

Cuchillo de sierra

Masa hojaldrada

100 g de harina de fuerza

100 g de harina floja

90 g de agua

20 g de mantequilla fundida

4 g de sal

Vueltas (tourage)

200 g de mantequilla

Crema de vainilla

500 g de leche

100 g de azúcar

80 g de yemas de huevo

45 g de maicena

1 rama de vainilla

Salsa de caramelo

100 g de azúcar

150 g de nata

Presentación

Frambuesas frescas

Vaina de vainilla

Elaboración

Paso 1

- Elaborar el hojaldre (véase técnica en página 334).

Paso 2

- Calentar la leche en una cacerola con la rama de vainilla cortada en dos.
- Por otra parte, blanquear las yemas con el azúcar y la maicena.

Paso 3

- Verter la leche sobre de la mezcla de yemas y maicena y batir ligeramente con unas varillas.
- Colar y cocer a fuego medio sin parar de remover hasta que hierva.

- Una vez cocida, pasar la crema a un bol o bandeja y cubrirla con film transparente. Retirar la vainilla, lavarla y reservar para la decoración.

- Para la salsa de caramelo, fundir el azúcar a fuego bajo hasta obtener un color dorado. Cortar la cocción con la nata caliente y hervir para fundir bien los trocitos de caramelo que puedan haberse formado. Dejar enfriar a temperatura ambiente.

Paso 4

- Estirar la masa de hojaldre hasta que tenga 3 mm de grosor, pincharla bien con un tenedor y dejarla reposar 15 min en la nevera antes de cocerla a 180 °C durante 25 min aproximadamente (después de los primeros 5 min, cubrir la masa con un papel y otra bandeja o rejilla para que quede bien plana). Debe quedar dorada por ambos lados.

- Luego, cortar en 3 partes iguales con el cuchillo de sierra.

Paso 5

- Sacar la crema de la nevera y batirla con unas varillas. Rellenar con ella una manga pastelera.
- Repartir la crema sobre 2 de los 3 rectángulos de masa de hojaldre horneada y fría, y superponer una sobre otra.

Paso 6

Es conveniente presionar ligeramente para que las capas se asienten una sobre otra y alisar con una espátula el sobrante de los laterales.

Decorar las milhojas con las frambuesas cortadas por la mitad, la vaina de vainilla y unos puntos de caramelo al lado.

Panna cotta con queso crema
y fruta de la pasión

Dificultad:

Comensales: 6

Utensilios:

Batería de cacerolas

Boles

Colador

Varillas

Tarros pequeños de cristal con tapa

Jalea de fruta de la pasión

125 g de puré de fruta de la pasión

25 g de azúcar

1 g de gelatina

Queso crema

300 ml de nata 35 % M. G.

200 g de queso crema

120 g de azúcar moreno

3 g de gelatina

Salsa de fruta de la pasión

100 g de fruta de la pasión con semillas

15 g de azúcar

Elaboración

Paso 1

- Calentar ligeramente la mitad del puré de fruta de la pasión con el azúcar y disolver dentro la gelatina, previamente hidratada y escurrida. Agregar entonces la otra mitad del puré todavía sin calentar.

Paso 2

- Echar ½ cm de altura de jalea en el fondo de los tarros de cristal y reservar en la nevera hasta que gelifiquen.

- Mientras tanto, calentar la nata con el azúcar y añadir la gelatina hidratada en un poco de agua fría y escurrida.
- Mezclar después el queso frío con unas varillas e incorporar a la nata.

Paso 3

- Conservar la panna cotta a temperatura ambiente para que pierda un poco el calor antes de verterla sobre los tarros con la jalea de fruta gelificada. Reservar en la nevera hasta que adquiera una consistencia firme.

Paso 4

- Mezclar bien la fruta de la pasión con semillas y el azúcar para hacer una salsa y verter sobre la panna cotta gelificada.

Mousse de chocolate negro

y naranja con calabaza

Dificultad: ★★★

Comensales: 12

Utensilios:

Batería de cacerolas

Batidora con varillas

Moldes de silicona redondos de 6 cm de diámetro

Robot de cocina

Boles

Varillas

Lengua de silicona

Lámina de silicona para hornear

Espátula

Masa de bizcocho

100 g de naranja confitada

100 g de huevos

40 g de almendra en polvo

40 g de mantequilla fundida

15 g de azúcar

30 g de harina

30 g de miel

2 g de levadura química

2 naranjas

1 pizca de canela

1 pizca de pimienta

Mousse de chocolate y naranja

200 ml de nata 35 % M. G.

150 g de chocolate negro 60 %

80 g de yemas de huevo

35 g de miel

1 naranja

Calabaza cocida con miel

300 g de calabaza

20 g de miel

1 naranja

Tejas de naranja

125 g de azúcar glas

65 g de mantequilla

50 ml de zumo de naranja

30 g de harina

Elaboración

Paso 1

- Para preparar la masa, precalentar el horno a 180 °C. Rallar la piel de las naranjas y reservar las frutas para la decoración. Mezclar todos los ingredientes del bizcocho hasta obtener una masa lisa y homogénea.

- Rellenar los moldes redondos de silicona hasta ¼ de su capacidad y hornear a 170 °C hasta que el bizcocho esté un poco firme. Dejar enfriar.

Paso 2

- Entre tanto, para la mousse, rallar la piel de la naranja y exprimir su zumo hasta obtener 35 g.
- Hervir en una cacerola el zumo, la ralladura y los 35 g de miel, y verter sobre las yemas. Utilizar la batidora con las varillas y batir hasta que se enfríe totalmente.

- Montar los 200 ml de nata e incorporarla a la mezcla de las yemas.

Paso 3

- Añadir a la mezcla anterior el chocolate negro fundido en dos veces y mezclar con las varillas hasta que no queden grumos.

- Extender la mousse sobre el bizcocho con una manga pastelera hasta conseguir 1,5 cm de altura y congelar todo para desmoldar fácilmente.

- Mientras, calentar lentamente los 20 g de miel y cocer junto con la calabaza cortada en dados de 1 cm. Añadir al final la ralladura de la naranja y sus gajos, y dejar enfriar.

Paso 4

- Para preparar las tejas, fundir la mantequilla y mezclar con el azúcar glas, los 50 g de zumo de naranja y la harina hasta conseguir una masa lisa y homogénea.

- Aplicar una cocción de aproximadamente 8 min en un horno precalentado a 170 °C (hasta que queden doradas).

- Con la ayuda de una espátula, extender la masa de las tejas sobre la lámina de silicona.

- Retirar y cortar rápidamente la teja en caliente, con la forma deseada. Si se enfrían antes de terminar de cortarlas, introducir nuevamente en el horno durante 1 min y repetir la acción.

Paso 5

- Desmoldar el bizcocho.

Paso 6

- Acompañar de los cubos de calabaza con su salsa y las tejas de naranja.

Bizcocho de chocolate Paludier

Dificultad:

Comensales: 8

Utensilios:

Batería de cacerolas
Batidora
Varillas
Lengua de silicona
Boles
Molde semiesférico de silicona de 8 cm
Rodillo
Bandeja de horno
Termómetro
Manga pastelera
Colador
Rejilla
Cortapastas redondo de 8 cm de diámetro
Espátula
Espátula de codo (opcional, para mejorar el acabado)

Galletas bretonas al chocolate

170 g de harina
140 g de mantequilla
140 g de azúcar
60 g de yemas de huevo
30 g de cacao en polvo
8 g de levadura química
3 g de flor de sal

Parfait de chocolate al praliné

300 g de nata
180 g de chocolate con leche
100 g de yemas de huevo
80 g de pasta de avellana
50 g de azúcar
6 g de gelatina
50 ml de agua

Glaseado de caramelo

260 g de nata
80 g de azúcar
40 g de chocolate negro
20 g de mantequilla
Flor de sal

Presentación

Avellanas
Polvo de oro

Elaboración

Paso 1

- Trabajar los 140 g de mantequilla hasta obtener una textura pomada. Añadir el azúcar y los 3 g de flor de sal, y batir hasta blanquear la crema. Agregar los 60 g de yemas y seguir batiendo.

Paso 2

- Aparte, tamizar la harina, la levadura química, el cacao y verter poco a poco esta mezcla sobre la primera preparación hasta que quede una masa lisa.

- Enfriar durante 30 min y luego estirarla hasta los 5 mm de grosor.

- Hornear a 160 °C durante 12 min. Sacar y cortar con el cortapastas de 8 cm de diámetro mientras esté caliente.

Paso 3

- Para hacer el parfait, fundir el chocolate al baño maría. Después, fuera del fuego, agregar la pasta de avellana. Mientras tanto, hidratar la gelatina en un bol con agua fría y reservar.

- Montar en un bol frío la nata, también fría, con unas varillas hasta que adquiera consistencia firme.

- Para el jarabe cocer el azúcar y el agua a 121 °C. Aparte, batir las yemas y verter el jarabe sin parar de remover. Seguir batiendo hasta que se enfríe.

Paso 4

- Poner un poco de la nata montada en el chocolate fundido con la pasta de avellana, y mezclar con unas varillas.

- Añadir delicadamente la mezcla batida de yemas y remover con una lengua. Incorporar luego el resto de nata montada.

- Finalmente, añadir la gelatina escurrida y fundida previamente a la mezcla anterior. Mezclar muy bien.

Paso 5

- Rellenar con la mousse de chocolate y con ayuda de una manga pastelera las semiesferas de silicona de 8 cm. Congelar.

Paso 6

- Mientras tanto, calentar una cacerola y añadir 1 cucharada de azúcar. Dejar que comience a fundirse e ir incorporando poco a poco el resto del azúcar del glaseado hasta obtener un caramelo rubio.

- Cortar la cocción del caramelo con la mantequilla y la nata, calentadas juntas previamente, en 2 o 3 veces. Añadir el chocolate con la flor de sal y remover hasta que se funda. Reservar tibio para glasear posteriormente el parfait.

Paso 7

- Desmoldar la mousse de chocolate y pasta de avellana. Colocarla sobre el círculo de galleta bretona.

- Disponer sobre una rejilla y glasear con la mezcla de caramelo aún tibia.

Paso 8

- Cortar avellanas en pequeños trozos y disponerlas alrededor de la mousse. Decorar con media avellana y polvo de oro.

Magdalenas con miel de acacia

Dificultad:

Unidades: 30-35

Utensilios:

Batería de cacerolas

Moldes de magdalenas

Boles

Lengua de silicona

Varillas

Colador

Ingredientes principales

250 g de huevo

160 g de harina

150 g de mantequilla

100 g de azúcar

50 g de miel de acacia

4 g de levadura química

Para engrasar los moldes

1 cucharada de mantequilla

Harina c. s. para espolvorear los moldes

Elaboración

Paso 1

- Batir ligeramente los huevos con el azúcar y la miel de acacia.

- Añadir la harina tamizada con la levadura química y mezclar bien removiendo con cuidado de no crear demasiadas burbujas.

Paso 2

- Fundir la mantequilla a 45 °C.

- Añadir a la mezcla anterior y seguir moviendo.
- Reservar la masa en la nevera un par de horas.

Paso 3

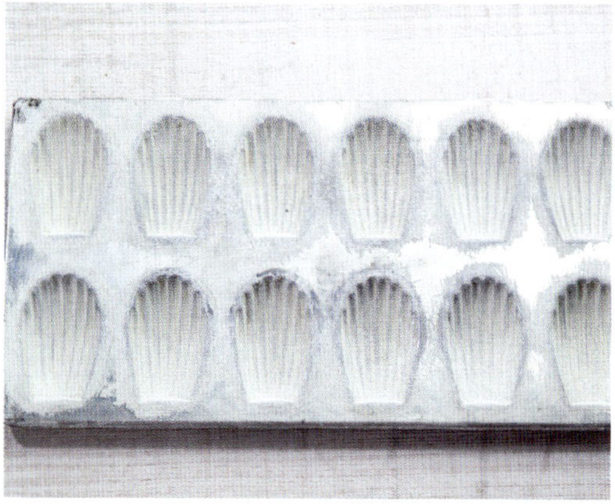

- Engrasar con mantequilla los moldes de magdalena y enharinar.

Paso 4

- Rellenar ¾ partes de cada molde con la masa y hornear a 180 °C durante 7-9 min.

- Desmoldar las magdalenas cuando todavía estén tibias.

Soufflé al champagne

Dificultad:

Comensales: 8

Utensilios:

Batería de cacerolas

Boles

Varillas

Lengua de silicona

Moldes de soufflés

Ingredientes principales

250 ml de leche

160 g de claras de huevo

125 g de champagne

90 g de azúcar

60 g de harina

60 g de yemas de huevo

Para engrasar el molde

30 g de mantequilla

30 g de azúcar

Compota de fresas

250 g de fresas

70 g de azúcar

10 ml de zumo de limón

Elaboración

Paso 1

- Calentar 150 g de leche con 45 g de azúcar. Aparte, mezclar el resto de la leche con la harina hasta que no queden grumos.

- Verter la leche caliente con el azúcar sobre la leche mezclada con la harina y remover bien. Cocer a fuego lento sin dejar de mover hasta conseguir una textura de crema.

Paso 2

- Retirar del fuego y añadir las yemas y el champagne. Reservar.

Paso 3

- Por otro lado, batir las claras a punto nieve y añadir el resto del azúcar.

- Mezclar con cuidado con la crema anterior aún caliente.

Paso 4

- Engrasar con mantequilla el interior de los moldes de soufflé. Repetir el proceso al cabo de 2 min. Luego, azucarar los moldes por dentro para que se adhiera a las paredes.

- Rellenar los moldes hasta el borde con la masa del soufflé y alisar bien con una espátula. Introducir en horno precalentado a 200 °C y, una vez que los soufflés estén dentro, bajar la temperatura a 170 °C. Hornear durante 10 min.

Paso 5

- Mientras, lavar las fresas y picarlas.
- Cocerlas con el azúcar y el zumo de limón durante 10 min a fuego lento.

Paso 6

- Enfriar y reservar en la nevera.

- Presentar el soufflé en el molde y acompañar con una compota de fresa servida en un vaso.

Finger de té matcha

y chocolate con leche

Dificultad: ★★★

Comensales: 8

Utensilios:

- Batería de cacerolas
- Boles
- Varillas
- Batidora
- Lengua de silicona
- Bandeja de horno
- Colador
- Molde cuadrado de 18 cm de lado x 5 cm de alto
- Espátula
- Espátula de codo (opcional, para mejorar el acabado)
- Termómetro

Bizcocho sin harina

300 g de chocolate negro
300 g de claras de huevo
90 g de azúcar
60 g de mantequilla
50 g de yemas de huevo

Mousse de chocolate con leche

250 g de nata montada
200 g de chocolate con leche
100 ml de leche
100 g de nata líquida
60 g de yemas de huevo
50 g de azúcar
6 g de gelatina

Bavaroise de té matcha

300 g de nata montada
125 ml de leche
125 ml de nata líquida
100 g de azúcar
60 g de yemas de huevo
10 g de gelatina
4 g de té matcha

Presentación

Pistachos
Pétalos de flores comestibles

Elaboración

Paso 1

- Montar las claras a punto de nieve con unas varillas y añadir el azúcar en 3 veces.
- Verter las yemas con una lengua sobre las claras montadas y mezclar con movimientos envolventes hasta que quede un merengue liso.

Paso 2

- Fundir el chocolate negro con la mantequilla al baño maría y mezclar con el merengue.

- Extender esta masa con una espátula sobre una bandeja forrada con papel de horno y hornear a 170 °C durante 15 min. Enfriar y cortar con el molde cuadrado.

Paso 3

- Mientras, fundir el chocolate con leche al baño maría.
- Hervir la leche, la nata líquida y la mitad del azúcar en una cacerola.
- Aparte, echar las yemas con el resto del azúcar en un bol y batir hasta obtener una crema espumosa. Verter la mezcla caliente sobre las yemas y bajar el fuego. Cocer la crema inglesa removiendo constantemente con una lengua de silicona hasta que alcance los 83 °C.

Paso 4

- Colar inmediatamente la crema y volcarla sobre el chocolate con leche fundido. Añadir la gelatina previamente hidratada con agua fría y bien escurrida. Remover hasta obtener una textura lisa y brillante.
- Enfriar a 28 °C y añadir a la crema de chocolate y la nata montada. Mezclar cuidadosamente con una lengua de silicona.

- Poner una capa de bizcocho en el molde cuadrado y verter la mousse de chocolate con leche. Alisar con una espátula. Congelar hasta que adquiera firmeza.

Paso 5

- Mientras tanto, preparar la bavaroise de té matcha. Hidratar la gelatina con agua muy fría para que no se funda.
- Realizar una crema inglesa (véase técnica en página 332).
- Verter la leche, la nata, el té matcha con la mitad del azúcar y calentar hasta que hierva.
- Después, en un bol, agregar las yemas con la otra mitad del azúcar y batir hasta obtener una textura espumosa.

Paso 6

- Verter la mezcla caliente sobre las yemas con el azúcar y calentar de nuevo lentamente.
- Cocer la crema sin sobrepasar los 83 ºC y sin dejar de mover con una lengua para evitar que se pegue en el fondo. Exprimir la gelatina e incorporarla a la crema inglesa.

Paso 7

- Colar la crema inglesa, enfriar a 20 ºC y añadir la nata montada.

- Verter sobre la mousse de chocolate con leche congelada previamente en el molde.
- Meter de nuevo al congelador hasta que gelifique.

Paso 8

- Sacar del congelador.
- Cortar en porciones de 8 x 3 cm aproximadamente y decorar con pétalos de flores comestibles. Colocar alrededor pistachos triturados.

Charlotte de frambuesas

Dificultad: 2

Comensales: 6

Utensilios:

Molde redondo de 20 cm

Manga pastelera

Boquilla redonda de 1 cm

Varillas

Lengua o espátula de silicona

Boles

Batería de cacerolas

Bizcocho de soletilla

160 g de azúcar

160 g de harina

150 g de claras de huevo

100 g de yemas de huevo

60 g de azúcar glas

Bavaroise de frambuesa

350 g de nata montada

250 g de puré de frambuesa

120 g de azúcar

50 ml de agua

10 g de gelatina

Jarabe

75 g de azúcar

75 g de agua

50 ml de licor de frambuesa

Coulis de frambuesa

150 g de puré de frambuesa

20 g de azúcar

4 g de gelatina

Presentación

220 g de frambuesas frescas

Azúcar glas

Elaboración

Paso 1

- Batir las claras de huevo hasta que estén a punto nieve. Añadir el azúcar y las yemas removiendo con cuidado con una lengua.

- Poner inmediatamente la masa en una manga pastelera con una boquilla redonda de 1 cm y hacer una tira de bastones de bizcochos. Dibujar con la masa sobrante un disco para la base del postre.

- Agregar la harina previamente tamizada y realizar movimientos envolventes hasta que no queden grumos.

- Espolvorear con azúcar glas y cocinar en el horno precalentado a 170 °C durante 15 min.

Paso 2

- Preparar el jarabe mezclando 75 g de agua y 75 g de azúcar. Llevar al fuego unos segundos hasta que el azúcar se funda.
- Añadir el licor de frambuesa y reservar para humedecer el bizcocho de soletilla.

Paso 3

- Para la bavaroise, mezclar 50 g de agua con el azúcar y llevar a hervor durante 15 s.

- Retirar del fuego y añadir la gelatina hidratada y escurrida. Remover para que se funda bien. Mezclar con el puré de frambuesa y la nata montada. Utilizar rápidamente para rellenar el bizcocho de soletilla.

Paso 4

- Disponer una tira de soletilla dentro de un molde a modo de pared y el disco de bizcocho como base.
- Mojar con el jarabe y rellenar con la bavaroise.

- Reservar en la nevera o congelador hasta que gelifique.

Paso 5

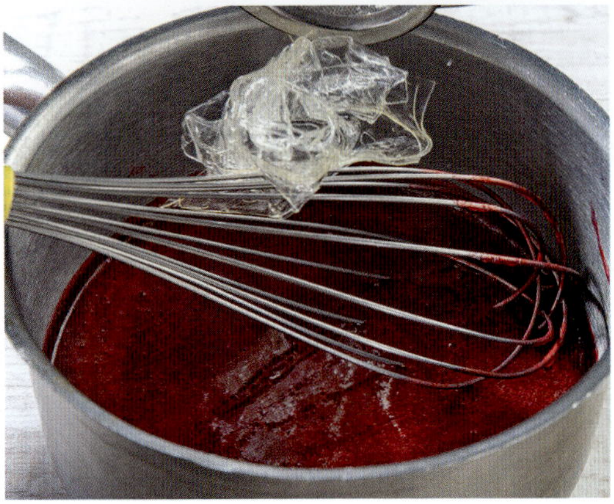

- Para el coulis, hidratar la gelatina en un poco de agua fría. Calentar ligeramente el puré de frambuesa con el azúcar y añadir la gelatina escurrida, removiendo constantemente hasta que se funda bien.

Paso 6

- Volcar encima de la charlota el coulis de frambuesa aún líquido y reservar en la nevera 15 min hasta que gelifique el coulis.

Paso 7

- Decorar con frambuesas frescas y espolvorear azúcar glas por encima de algunas.

Crujiente de merengue
con crema de lichis y agua de rosas

Dificultad: 3/3

Comensales: 6

Utensilios:

Batidora
Manga pastelera
Boquilla lisa n.º 8
Bandeja de horno
Boles
Batería de cacerolas
Copa de martini
Varillas
Lengua de silicona

Merengue crujiente

175 g de azúcar glas
120 g de claras de huevo
75 g de azúcar
Pistachos triturados en polvo
Colorante rojo

Crema de lichis

250 ml de leche entera caliente
120 g de lichis
100 ml de nata 35 % M. G.
60 g de azúcar
50 g de yemas de huevo
25 g de fécula de maíz
Agua de rosas

Presentación

Pétalos de rosas
Frambuesas

Elaboración

Paso 1

- Para hacer el merengue, batir las claras hasta que estén bien espumosas. Añadir el azúcar con un poco de colorante y terminar de montar a punto de nieve.

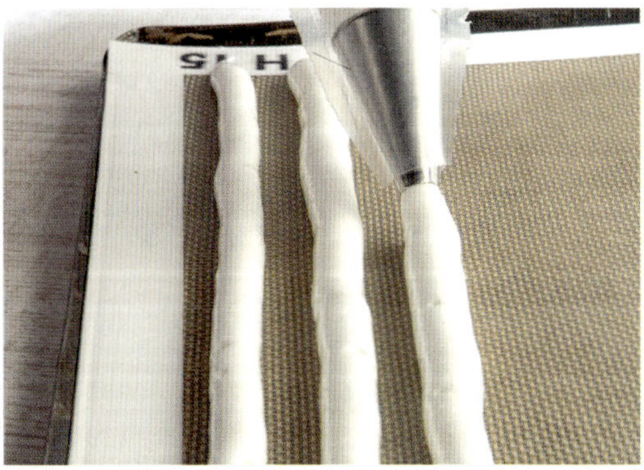

- Agregar el azúcar glas y remover con una lengua o espátula cuidadosamente y con movimientos envolventes para que el merengue no baje. Rellenar una manga pastelera con una boquilla lisa redonda y realizar bastones delgados sobre papel de horno.

Paso 2

- Espolvorear con pistachos en polvo y secar el merengue en el horno precalentado a 100 °C durante 2 h.

Paso 3

- Mientras, batir las yemas con el azúcar y la fécula de maíz hasta blanquearlas.

- Volcar dentro la leche caliente, mezclar bien y llevar al fuego removiendo siempre con unas varillas hasta que la crema espese perfectamente. Una vez comience a hervir, aguantar 10 s en hervor.

Paso 4

- Retirar la crema del fuego.
- Extenderla sobre una bandeja o plato enfriado previamente en el congelador. Tapar la crema con film transparente al contacto y reservar en la nevera hasta que se enfríe del todo.
- Aparte, montar la nata y reservar también en la nevera.

Paso 5

- Cuando la crema pastelera esté fría, batirla en un bol hasta que quede lisa y sin grumos.

Paso 6

- Mezclar con la nata montada y añadir unas gotas de agua de rosas.

- Escurrir bien los lichis y secarlos con un papel absorbente. Trocearlos en mitades o en cuartos y reservar.
- Disponer un poco de crema con agua de rosas en una copa de martini con trozos de lichi y merengues crujientes. Cubrir la crema con más merengue y decorar con pétalos de rosas y frambuesas.

Tartaleta de chocolate

Dificultad: 2/2

Comensales: 6

Utensilios:

Batería de cacerolas

Molde redondo de 20 cm de diámetro

Rodillo

Boles

Bandeja de horno

Colador

Masa sablée de cacao

210 g de harina

120 g de mantequilla

90 g de azúcar glas

30 g de almendra en polvo

25 g de cacao en polvo

2 g de sal

1 huevo

Relleno de chocolate semiamargo

240 g de chocolate negro 68 %

20 g de mantequilla

250 ml de nata 35 % M. G.

100 ml de leche entera

1 huevo

1 yema

Streussel de cacao

125 g de mantequilla fría

125 g de azúcar

125 g de harina

80 g de almendra en polvo

25 g de cacao

1 g de canela en polvo

Elaboración

Paso 1

- Para la masa de cacao, mezclar la mantequilla fría cortada en trozos pequeños con el resto de los ingredientes secos previamente tamizados. Trabajar esta mezcla con un tenedor hasta obtener una textura casi de arena. Reservar en la nevera durante 15 min y continuar trabajando después con el tenedor hasta que no queden trozos evidentes de mantequilla.

- Añadir el huevo ligeramente batido y frío.
- Mezclar todo hasta conseguir una masa compacta y reservar tapada con film transparente 30 min aproximadamente en la nevera.

Paso 2

- Luego, amasar con un rodillo hasta obtener un grosor de 2 mm. Reservar la masa estirada en la nevera 15 min.

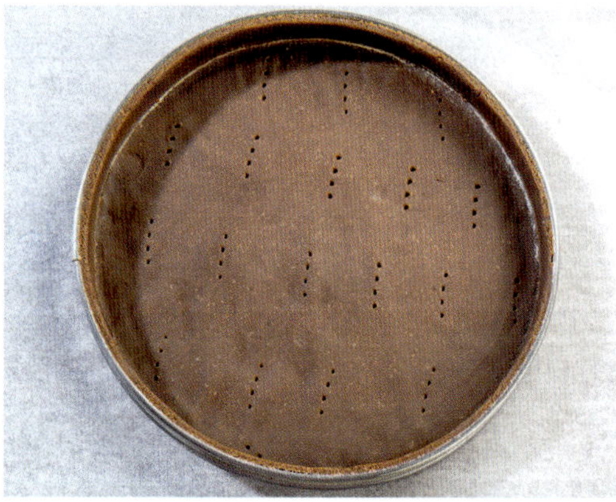

- Después, forrar el molde de la tartaleta con cuidado y pinchar el fondo de la misma con un tenedor. Reservar en la nevera. Precalentar el horno a 160 °C, hornear durante unos 16 min y dejar enfriar.

Paso 3

- Mientras, dar un hervor a la leche con la nata y la mantequilla. Retirar del fuego y añadir el chocolate negro sin derretir. Remover bien hasta obtener una crema lisa y homogénea.

- Incorporar el huevo apenas batido y la yema. Mezclar y rellenar con esta crema la tartaleta de cacao ya fría.

- Precalentar el horno a 200 °C y cocer la tarta durante 18 min.

Paso 4

- Trabajar con un tenedor hasta conseguir una textura de arena y luego con las manos apretando los ingredientes hasta obtener migas.
- Disponer sobre una bandeja y cocinar en el horno precalentado a 160 °C durante 15 min. Dejar enfriar.

- Entre tanto, mezclar en un bol todos los ingredientes del streussel. La mantequilla debe estar fría y cortada en trozos pequeños.

Paso 5

- Servir una porción de tarta en un plato acompañado con streussel de cacao y una bola de helado de vainilla si se desea.

Cake de limón

Dificultad:

Unidades: 2 cakes

Utensilios:

Cuerna

Molde de aluminio

Bandeja de horno

Rejilla

Boles

Pincel

Varillas

Lengua de silicona

Puntilla

Colador

Ingredientes principales

250 g de azúcar

185 g de huevos

180 ml de nata líquida

180 g de harina

60 g de mantequilla fundida

3 g de levadura química

1 g de sal

Ralladura de 3 limones

Jarabe de limón

100 g de azúcar

100 ml de agua

50 ml de zumo de limón

Glaseado de limón

200 g de azúcar glas

70 ml de zumo de limón

Elaboración

Paso 1

- Trabajar con una varilla primeramente los huevos, el azúcar y la sal. Luego, añadir la nata.

Paso 2

- Incorporar con una lengua de silicona la harina y la levadura tamizadas, y la mantequilla fundida. Agregar la ralladura de limón.

Paso 3

- Verter en un molde engrasado.

- Hornear a 160 °C durante 40 min. Para comprobar que está cocido perfectamente, pinchar con una puntilla y ver si sale limpia.

- Hacer un jarabe con el agua y el azúcar, y ya fuera del fuego echar el zumo de limón.
- Cuando el cake haya terminado de hornearse, sacar y mojar con este jarabe.

Paso 4

- Calentar los 70 g de zumo de limón con el azúcar glas hasta que se disuelva por completo. Verter el glaseado de limón encima del cake.

- Hornear durante 10 s para secarlo.

Paso 5

- Sacar y enfriar sobre una rejilla.

Chocolate en texturas
con peras al azafrán

Dificultad: ★★★

Comensales: 4

Utensilios:

Batería de cacerolas
Molde semiesférico de silicona de 8 cm
Bandejas de horno
Varillas
Batidora
Boles
Robot de cocina
Cuchillo
Lengua de silicona
Molde cuadrado de 18 cm
Molde o plantilla triangular
Molde redondo o rodillo

Peras al azafrán

4 peras conferencia
40 g de azúcar moreno
30 g de mantequilla
12 hebras de azafrán

Teja de cacao

50 g de azúcar glas
50 g de mantequilla blanda
50 g de claras de huevo
40 g de harina
10 g de cacao en polvo

Cremoso

160 g de chocolate negro 66 %
45 g de yemas de huevo
40 g de azúcar
130 ml de leche entera
120 ml de nata 35 % M. G.
1 hoja de gelatina

Mousse de chocolate

80 g de chocolate negro 62 %
15 g de azúcar moreno
75 ml de nata 35 % M. G.
35 ml de leche entera
3 claras de huevo

Glaseado de cacao

160 g de azúcar
50 g de cacao en polvo
11 g de gelatina neutra
145 ml de agua
3 claras de huevo

Presentación

Polvo de oro comestible
Cacao en polvo

Elaboración

Paso 1

- Poner las peras peladas y troceadas en una bandeja junto con la mantequilla, el azúcar moreno y las hebras de azafrán.
- Cubrir con papel aluminio y cocer durante 20 min aproximadamente en el horno precalentado a 170 °C. Retirar cuando estén ligeramente blandas (pinchar con un cuchillo delgado para verificar la cocción) y reservar en frío.

Paso 2

- Mientras, mezclar todos los ingredientes de la teja de cacao y triturar en un robot de cocina hasta obtener una masa lisa y blanda. Extender la masa sobre una bandeja de cocción y cortar usando un molde o plantilla triangular.

Paso 3

- Cocer unos 7 min en el horno precalentado a 160 ºC (verificar que queden mate). Rápidamente, darles forma curva con la ayuda de un molde redondo o rodillo, aprovechando que aún están calientes para que no se rompan.

- Para hacer el cremoso, realizar una crema inglesa. Batir el azúcar con las yemas y reservar. Calentar la nata con la leche y volcar sobre las yemas batidas. Remover rápidamente para que las yemas no se cuezan por el calor de los lácteos.

- Calentar la mezcla en una cacerola pequeña con la ayuda de una lengua removiendo con cuidado de que no espese demasiado.

Paso 4

- Retirar del fuego y añadir la gelatina hidratada previamente con agua fría y escurrida. Luego, incorporar el chocolate sin fundir. Remover bien hasta que la mezcla sea homogénea y volcar la crema en un molde cuadrado.

- Reservar en la nevera hasta que gelifique y después cortar el cremoso con un molde semiesférico de 8 cm de diámetro.

Paso 5

- Mientras tanto, hacer la mousse. Calentar la leche y la nata, y después añadir el chocolate sin fundir. Remover hasta obtener una crema homogénea. Por otro lado, batir las claras a punto nieve y agregar el azúcar. Volcar la crema de chocolate dentro del merengue en 2 veces y mezclar bien.

- Rellenar los moldes semiesféricos de 8 cm con la mousse junto con trozos de peras al azafrán. Congelar.

Paso 6

- Para el glaseado de cacao, hidratar la gelatina con la mitad del agua.

- En una cacerola pequeña mezclar el agua restante, la nata, el azúcar y el cacao, y llevarlos a hervor durante 1 min a fuego bajo.

Paso 7

- Retirar del fuego y añadir la gelatina hidratada junto con el agua residual. Colar el glaseado y dejarlo entibiar antes de glasear las semiesferas de mousse (la temperatura dependerá de cuán congelada esté la mousse de pera).

Paso 8

- Disponer en el centro de un plato los discos del cremoso. Colocar encima una semiesfera de mousse previamente bañada con el glaseado de cacao y acompañar con una teja de cacao.
- Decorar con polvo de oro y un poco de cacao en polvo.

Panes

Pan de tomate

y albahaca

Dificultad:

Unidades: 1 pan

Utensilios:

Batería de cacerolas
Tabla de cortar
Amasadora
Gancho
Boles
Cuerna
Rejilla
Báscula
Termómetro
Molde rectangular con tapa
Cuchillo afilado
Espátula

Ingredientes principales

250 g de mermelada de tomate
150 g de harina de fuerza
150 g de harina floja
30 g de mantequilla fundida
10 g de azúcar
10 g de levadura fresca
6 g de sal

Mermelada de tomate

500 g de tomates concassés
100 g de cebolla laminada (émincer)
20 g de azúcar
10 g de jengibre rallado
1 diente de ajo
½ guindilla
4 ramas de albahaca
¼ manojo de cilantro
Semillas de comino
15 g de aceite de oliva
Sal y pimienta

Elaboración

Paso 1

Elaborar el día anterior

- Para elaborar la mermelada, calentar agua en una cazuela, cortar el pedúnculo de cada tomate y hacer una cruz en ellos.

- Escaldar los tomates unos segundos, pelar, partir por la mitad, retirar las pepitas y concasser (véase técnica en página 290).

Paso 2

- Echar el aceite en una sartén y añadir la cebolla para que se cueza pero sin que se dore. Incorporar el ajo en puré y los tomates.
- Luego, agregar el jengibre, semillas de comino, el azúcar, la ½ guindilla, sal y pimienta.

Paso 3

- Reservar las hojas y hacer un ramillete con las ramas de cilantro y de albahaca, y echarlo a la preparación anterior.
- Tapar la sartén y cocer a fuego suave durante 30 min aproximadamente.

- Retirar del fuego, dejar enfriar la mermelada y agregar las hojas de cilantro y albahaca.

Paso 4

- Calcular la temperatura de la mermelada por medio de la TB (temperatura de base). Añadir todos los ingredientes principales a un bol de amasadora y trabajar durante 4 min a velocidad lenta y 10 min a velocidad media.

- Bolear la masa, echarla en un bol y filmarla. Dejar fermentar 75 min (pointage) a 24 °C. Bolear otra vez, quitar los gases (râbat) y dejarla reposar 10 min más.

- Después, echarla en un molde engrasado (tiene que llegar a las ¾ partes de la capacidad del molde) y engrasar también la tapa.

Paso 5

- Precalentar el horno a 200 °C.
- Tapar y dejar fermentar una segunda vez (d'apprêt) durante 90 min.

- Cocinar durante 25 min en el horno.
- Sacar rápidamente el pan del molde y dejar enfriar sobre una rejilla.

Corona bordelesa

Dificultad: ★★★

Comensales: 6

Utensilios:

Amasadora con gancho

Báscula

Rodillo

Termómetro

Cesta de lino y mimbre

Boles

Colador

Bandeja de horno

Piedra de horno

Ingredientes principales

330 g de harina floja

215 g de agua TB de 66 °C

80 g de masa fermentada

6 g de sal

3 g de levadura

Masa fermentada

50 g de harina floja

30 g de agua TB de 66 °C

1 g de levadura

1 g de sal

Elaboración

Paso 1

Elaborar el día anterior

- Mezclar la harina, la sal, la levadura y el agua de forma homogénea. Dejar reposar 20 min a temperatura ambiente y después a 4 °C hasta el día siguiente.

Paso 2

- Precalentar el horno a 250 °C durante 90 min con la piedra dentro y un bol con agua para tener un ambiente húmedo.
- Sacar la masa fermentada de la nevera 2 h antes de empezar el amasado.

Paso 3

- Calcular la temperatura del agua por medio de la TB (temperatura de base). Añadir todos los ingredientes principales en el bol y amasar con el gancho durante 4 min a velocidad lenta y 5 min a velocidad media.

Paso 4

- Bolear la masa, colocarla en un bol y cubrirlo con film transparente de nuevo sin que entre en contacto.

Paso 5

- Dejar fermentar 90 min (pointage) a 24 °C. Quitar los gases (râbat) una vez hayan transcurrido 45 min.
- Dividir la masa en 6 bolas de 80 g y una de 120 g.
- Enharinar la cesta con un colador.

Paso 6

- Estirar la masa de 120 g en un disco del tamaño de la cesta que se use como base de la corona y colocar en la cesta.
- Bolear otra vez levemente las 6 bolas y colocarlas con la parte lisa boca abajo en la cesta sobre el disco de forma uniforme.

Paso 7

- Realizar cortes en forma de estrella utilizando como guía los espacios entre cada una de las bolas.

- Doblar cada uno de los picos resultantes sobre las bolas de masa para terminar de dar forma a la corona.

Paso 8

- Tapar la masa y dejar fermentar una segunda vez (d'apprêt) durante 1 h a 25 °C.

- Volcar la masa encima de una bandeja con papel de horno y hornear.

- Apagar el horno durante 15 min y acabar la cocción a 200 °C durante 10 min aproximadamente. Sacar y dejar enfriar sobre una rejilla.

Pan vitalis

Dificultad:

Unidades: 8 panes

Utensilios:

Amasadora con gancho
Báscula
Termómetro
Boles
Rodillo
Rejilla
Cuchillo afilado
Pincel
Bandeja de horno
Cuerna

Ingredientes principales

250 g de harina floja
235 g de agua TB de 60 °C
30 g de harina de avena
25 g de harina de sarraceno
25 g de harina de centeno
23 g de semillas de girasol
16 g de levadura
15 g de semillas de avena
15 g de sal
13 g de semillas de sésamo
13 g de semillas de lino
13 g de semillas de amapola

Frutos secos

60 g de pasas
50 g de avellanas tostadas y machacadas
50 g de almendras tostadas y machacadas
50 g de higos secos
35 g de pistachos tostados

Presentación

1 huevo

Elaboración

Paso 1

- Calcular la temperatura del agua por medio de la TB (temperatura base). Añadir todos los ingredientes principales en un bol.

- Amasar durante 4 min a velocidad lenta y 10 min a velocidad media. Añadir los frutos secos un minuto antes de finalizar.

Paso 2

- Bolear la masa, reservarla en un bol y filmarla sin que entre en contacto con el film transparente.
- Precalentar el horno a 250 °C.

Paso 3

- Dejar fermentar 45 min (pointage) a 24 °C y quitar los gases (râbat). Dar forma rectangular con un grosor de 3 cm y unas dimensiones de 24 x 16 cm.
- Dividir la masa en 8 partes con un cuchillo afilado.
- Tapar y dejar 75 min d'apprêt a 24 °C. Luego, barnizar con el huevo.

Paso 4

- Hornear a 250 °C, apagar el horno durante 15 min y acabar la cocción a 180 °C durante 10 min aproximadamente.

Paso 5

- Sacar del horno y enfriar sobre una rejilla.

Pan de cacao con trozos de chocolate

Dificultad:

Unidades: 1 hogaza

Utensilios:

Batería de cacerolas
Amasadora con gancho
Cuerna
Báscula
Rejilla
Termómetro
Cuchilla o cuchillo afilado
Tabla de cortar
Bandeja de horno
Boles
Piedra de horno

Ingredientes principales

250 g de harina floja
170 g de agua TB de 66 °C
50 g de chocolate cortado
40 g de avellanas caramelizadas concassées
20 g de azúcar
20 g de cacao
15 g de avellana en polvo
5 g de sal
4 g de levadura

Frutos secos

100 g de avellanas sin piel
50 g de azúcar

Presentación

50 g de almendra en polvo

Elaboración

Paso 1

- Caramelizar las avellanas (véase técnica en página 336).

Paso 2

- Después, concasser las avellanas caramelizadas.

Paso 3

- Precalentar el horno a 250 °C durante 90 min con la piedra dentro y un bol con agua para tener un ambiente húmedo.
- Calcular la temperatura del agua por medio de la TB (temperatura de base).
- Añadir todos los ingredientes en el bol, excepto las avellanas caramelizadas y el chocolate.

Paso 4

- Amasar durante 4 min a velocidad lenta y 7 min a velocidad media. Bajar la velocidad y añadir las avellanas y el chocolate. Amasar durante 2 min hasta que se incorporen perfectamente a la masa.

- Dejar 1 h de pointage a 24 °C.

- Bolear la masa total, humedecerla y rebozarla con la almendra en polvo.

- Bolear la masa, colocarla en un bol y cubrirla con film sin que entre en contacto con el papel transparente.

Paso 5

- Tapar la masa y dejar 1 h d'apprêt a 25 °C. Cortar el pan en cruz con una cuchilla o cuchillo afilado antes de hornear.

Paso 6

- Introducir el pan y apagar el horno durante 20 min. Encender de nuevo y acabar la cocción a 180 °C durante 20 min aproximadamente.
- Sacar y dejar enfriar sobre una rejilla.

Pan de cereales

Dificultad:

Unidades: 3 panes

Utensilios:

Amasadora con gancho

Báscula

Termómetro

Rejilla

Varillas

Bandeja de horno

Boles

Cuchilla o cuchillo afilado

Pala de madera o cartón rígido

Cuerna

Piedra de horno

Ingredientes principales

330 g de harina floja

175 g de agua TB de 66 °C

6 g de sal

Poolish de 3 horas

110 g de harina floja

180 g de agua TB de 66 °C

25 g de semillas de sésamo

25 g de semillas de lino

15 g de semillas de girasol

3 g de levadura

Elaboración

Paso 1

- Tostar sobre una bandeja a 170 °C las semillas de sésamo, de lino y de girasol. Retirar y dejar enfriar.
- Mientras, diluir la levadura en el agua, añadir los 110 g de harina y las semillas frías, y mezclar hasta obtener una masa homogénea, lisa y sin grumos (poolish). Tapar con film transparente y dejar fermentar a 25 °C durante 3 h hasta que doble su volumen.

Paso 2

- Precalentar el horno a 250 °C durante 90 min con la piedra dentro y un bol con agua para tener un ambiente húmedo.
- Añadir al poolish todos los ingredientes principales en el bol de la amasadora y trabajar durante 4 min a velocidad lenta y 5 min a velocidad media.

Paso 3

- Bolear la masa, reservarla en un bol y filmarla sin que entre en contacto.
- Dejar fermentar 90 min (pointage) a 24 °C. Quitar los gases (râbat) una vez hayan transcurrido 45 min.

- Dividir la masa en 3 piezas de 240 g, bolearlas y taparlas.

Paso 4

- Moldear en baguettes de 20 cm, tapar y dejar 1 h d'apprêt a 25 °C.

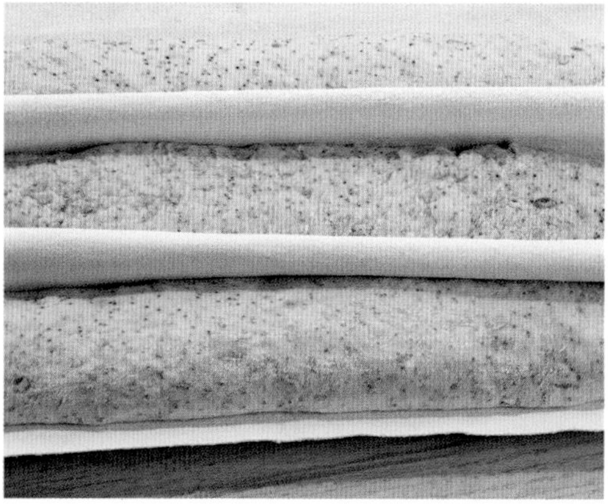

Paso 5

- Hacer 3 cortes a los panes con una cuchilla o cuchillo afilado sobre una pala de madera o cartón rígido.
- Introducirlos en el horno.

Paso 6

- Apagar el horno durante 15 min y acabar la cocción a 200 °C durante 10 min aproximadamente.
- Sacar y dejar enfriar sobre una rejilla.

Técnicas saladas

Tomate escaldado y concassé

1. Quitar el pedúnculo de los tomates con una puntilla y realizar una incisión en la parte de arriba.

   Escaldarlos en agua hirviendo y sacarlos cuando la piel se fisure.

2. Enfriar directamente en agua con hielo para cortar la cocción.

   Una vez fríos, pelar y reservar.

3. Partirlos a lo ancho y con una cuchara vaciar las semillas. Picar y reservar la parte del corazón. Conservar las semillas para otro uso.

Bouquet garni

1. Enrollar laurel, tallos de perejil y tomillo en una hoja de puerro y bridar.

CONSEJO

Esta mezcla de hierbas frescas sirve para aromatizar un caldo o cualquier elaboración.

Cebolla o chalota laminada (émincer)

1. Pelar la cebolla y partirla por la mitad desde el tallo hacia la parte de la raíz.

2. Apoyar la cebolla por la parte plana, sujetar por la parte de la raíz y cortar en láminas finas y regulares.

Cebolla o chalota picada (ciseler)

1. Cortar ambos extremos de la cebolla, hacer una incisión a lo largo y pelar. Partir por el centro.

2. Disponer la parte plana de la cebolla en contacto con la tabla manteniendo la parte de la raíz hacia fuera. Cortar verticalmente a intervalos regulares, sin partir el extremo de la raíz.

3. Realizar cortes horizontales de la misma manera sin cortar el extremo de la raíz.

4. Realizar finalmente cortes transversales.

CONSEJO

Cuanto más finos se hacen los cortes, más fino será el ciseler.

Pelado de espárragos

1. Sostener el espárrago por el centro y doblar la parte inferior para separarlo de su parte más fibrosa. Aprovechar esta para caldos.

   Retirar con la puntilla las escamas. Écussonner hasta la punta.

2. Realizar una incisión ligera debajo de la punta y alrededor del tallo. Esta marcará el límite del pelado.

   Pelar el espárrago desde la base hasta la incisión.

   Alinear las puntas de los espárragos y recortar por la base para igualarlos en tamaño.

Blanqueado de espárragos

1. Calentar abundante agua con sal gorda. Cuando hierva, añadir los espárragos y cocerlos durante 1 min.

2. Enfriarlos en un bol con hielo y agua para cortar la cocción y evitar así que se oxiden. Retirar y secar sobre papel absorbente.

Verificar la cocción pinchando con una puntilla en la parte más gruesa del espárrago. Tiene que haber un poco de resistencia.

CONSEJO

Esta técnica se aplica a los guisantes, habas, brócoli, espinacas, etc. El tiempo varía según el producto y el nivel de cocción requerido.

Gajos de cítricos

1. Cortar los extremos del cítrico.

2. Pelar empezando de arriba hacia abajo y retirando cualquier parte blanca.

3. Separar los gajos de cítrico entre cada segmento.

CONSEJO

Esta técnica se aplica a cualquier cítrico, como limón, lima, pomelo, etc.

Dados de pimiento rojo

1. Lavar y secar el pimiento, partirlo en cuartos y pelar.

2. Recortar los extremos y bordes para obtener un rectángulo lo más regular posible. Ponerlo plano e igualar recortando la membrana.

3. Cortar bastoncillos de 3 mm de ancho y estos en cubos regulares.

Picado de hierbas frescas

1. Lavar y secar las hierbas frescas.

   Deshojar descartando cualquier parte de tallo.

2. Sostener las hojas con la mano en la posición indicada.

   Mantener el cuchillo recto y cortar finamente para obtener una chiffonade.

3. Picar la chiffonade para obtener un picado más fino.

Clorofila

INGREDIENTES

1 manojo de perejil

Agua c. s.

1. Triturar el perejil en un vaso americano con un poco de agua. Pasar por un tamiz para separar la pulpa del agua y presionar bien la pulpa para extraer el máximo de agua.

2. Calentar el líquido al baño maría. Cuando alcance los 70 °C, la clorofila cuajará y se separará del agua. Sin remover la mezcla, sacar delicadamente con una cuchara la clorofila cuajada. Escurrir sobre una tela encima de hielo para enfriar la clorofila y evitar que se oxide.

CONSEJO

Esta técnica se puede realizar con espinacas, cilantro, perifollo, etc.

Pesto de rúcula

INGREDIENTES

25 g de piñones

50 g de hojas de rúcula

15 g de parmesano rallado

1 diente de ajo blanqueado

Aceite de oliva virgen

Sal

1. Quitar el tallo de las hojas de rúcula.

   Majar el diente de ajo junto a la sal hasta obtener una pasta, añadir los piñones y seguir majando para obtener una pasta granulosa.

2. Majar alternando las hojas de rúcula sin tallos y el aceite hasta conseguir una textura espesa.

Cartouche de papel

1. Elegir un papel de horno más grande que el diámetro de la olla que se vaya a utilizar.

   Doblar por la mitad y volver a doblarlo otra vez por la mitad.

2. Plegar el papel desde el centro una y otra vez hasta formar un cono.

3. Medir el radio de la olla con el papel y recortar el exceso para obtener un disco.

Masa quebrada y cocción a blanco

INGREDIENTES

Harina

Mantequilla

Huevo

Azúcar

Agua

Sal

1. Pesar todos los ingredientes según la receta escogida, tamizar la harina y cortar la mantequilla en dados pequeños.

2. Juntar en el bol de la amasadora la harina y la mantequilla fría, la sal y el azúcar (en caso de masa quebrada dulce). Mezclar con el escudo hasta obtener una textura arenosa (sabler).

3. Añadir el huevo, el agua y amalgamar en una bola.

4. Con la ayuda de la cuerna, aplastar la masa para alisar y asegurarse de que los ingredientes estén bien incorporados. Dejar reposar 30 min en frío.

5. Colocar la masa sobre una superficie enharinada y estirar con el rodillo presionando uniformemente hasta obtener un grosor de 2 mm. Cortar un disco de masa de mayor diámetro que el aro de cocción.

6. Colocar la masa dentro del aro y forrar las paredes del molde.

7. Recortar la masa sobrante.

8. Pincharla para evitar la formación de burbujas y facilitar la evaporación de la humedad. Reservar en frío.

9. Arrugar el papel de horno 2 o 3 veces para que se adapte mejor a la forma del molde.

Colocar el papel sobre el molde y volcar arroz hasta el borde.

10. Hornear la masa a 160 °C durante 10 o 15 min. Retirar el arroz con la ayuda del papel y continuar el horneado hasta su completa cocción y coloración homogénea.

CONSEJO

Es importante que el huevo, el agua y la mantequilla estén fríos cuando se mezclen.

Gnocchi de patata

INGREDIENTES

Patatas harinosas con alto contenido en almidón para obtener 300 g de puré

1 yema de huevo

70 g de harina tamizada

70 g de queso emmental rallado

Nuez moscada al gusto

10 ml de aceite de oliva

Sal

1. Hornear las patatas a 160 °C sobre una cama de sal gorda para absorber la humedad de la patata. Pelar y tamizar hasta obtener una textura lisa.

2. Realizar un volcán con el puré, agregar el huevo, la harina tamizada, el queso rallado, la nuez moscada y sal. Mezclar los ingredientes hasta conseguir una masa moldeable.

3. Estirar con las palmas de las manos la masa de gnocchi en forma de cilindro de unos 2 cm de diámetro. Recortar con una cuerna en dados de 1,5 cm de ancho.

4. Dar forma redonda a los gnocchi con las manos.

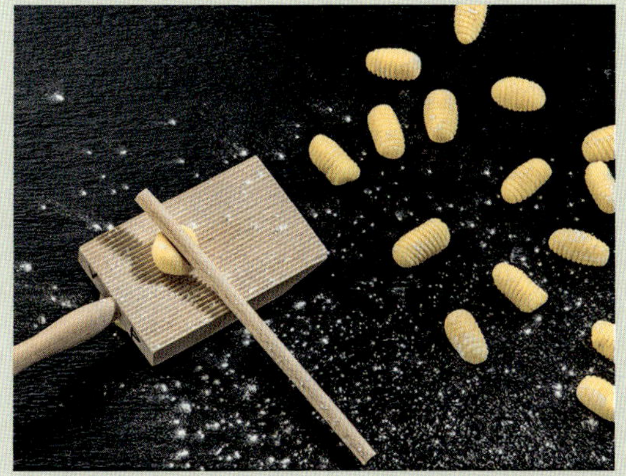

5. Disponer en la tabla de gnocchi, presionar con el palo de madera y tirar hacia abajo para enrollarlo y crear un labio. Reservar en una placa con harina.

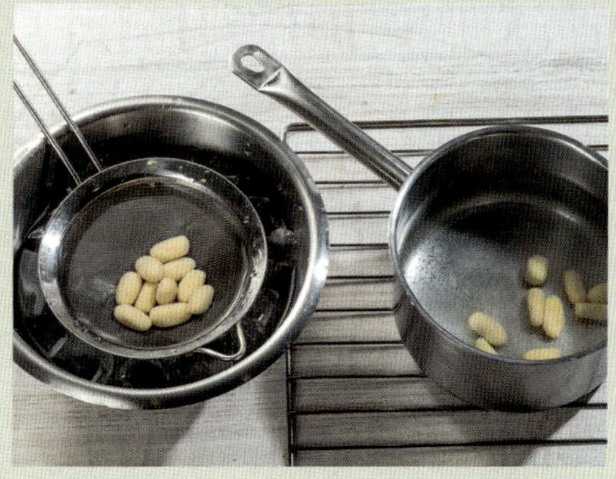

6. Cocer los gnocchi en agua salada, retirar cuando suban a la superficie y enfriar directamente en agua y hielo para cortar la cocción.

7. Escurrir y echar un chorrito de aceite para que no se peguen. Reservar en frío.

CONSEJO

La cantidad de harina puede cambiar según la variedad de las patatas. En el paso 3 se puede hacer una prueba de cocción para verificar la textura.

Masa de pasta fresca

INGREDIENTES

150 g de harina 00

150 g de sémola de trigo

3 huevos

Aceite de oliva

5 g de sal

1. Mezclar la harina 00 y la sémola de trigo. Realizar un volcán y agregar en el centro los huevos, la sal y el aceite.

2. Mezclar poco a poco desde el centro para que se incorporen todos los ingredientes.

3. Amasar con la palma de la mano hasta obtener una masa lisa.

4. Partir la masa en varios trozos y estirarla con un rodillo para facilitar el proceso en la laminadora.

5. Pasar por la laminadora tantas veces como sea necesario hasta conseguir que tenga 1 mm de grosor.

Fideo de ajo negro

INGREDIENTES

20 g de ajo negro

2 g de agar-agar

200 g de agua

Sal

1. Mezclar el ajo negro y el agua, y triturar hasta obtener una mezcla lisa. Colar si fuera necesario.

2. Calentar la mezcla y añadir el agar-agar en lluvia sin dejar de remover. Llevar a hervor durante 1 min aproximadamente. Este paso es muy importante para rehidratar el agar-agar.

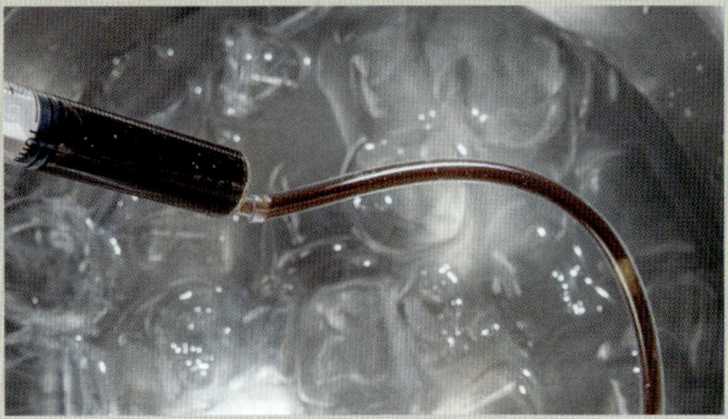

3. Mientras la mezcla esté caliente, llenar una jeringuilla sin aire con ella y vaciarla dentro del tubo de plástico. Reservar durante 1 min en un bol de hielo con agua hasta que cuaje totalmente la mezcla.

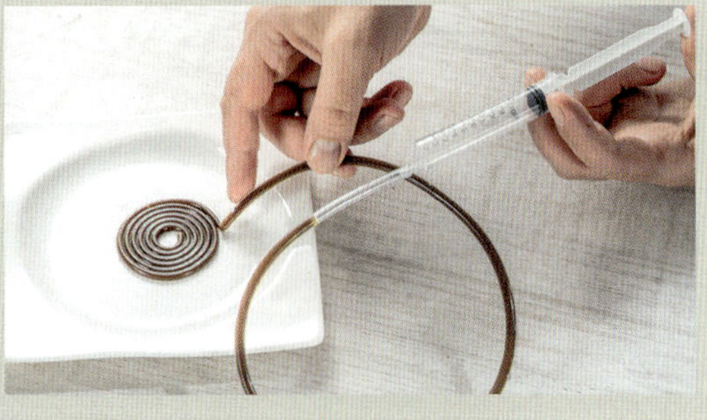

4. Poner la jeringuilla llena de aire en uno de los extremos del tubo y vaciar.

5. Reservar el fideo en frío.

Ricotta fresca

INGREDIENTES

750 ml de leche entera

250 ml de nata a 35 % M. G.

40 g de vinagre blanco

Sal

1. Calentar la leche, la nata y la sal hasta los 85 °C. Retirar del fuego y añadir el vinagre.

2. Dejar cuajar unos 20 min y escurrir en una estameña previamente mojada.

3. Reservar una noche en frío.

Habillage y corte de ave

1. Calentar agua en una olla lo suficientemente grande para poder introducir las patas del ave, y meterlas durante 20 s en el agua hirviendo.

2. Retirar las escamas con ayuda de papel absorbente.

3. Cortar las uñas del ave con unas tijeras, hacer una incisión en la parte trasera de las patas y pasar una cuchara debajo de los tendones.

4. Dar la vuelta a la cuchara para envolver los tendones alrededor hasta que se separen de la parte del muslo.

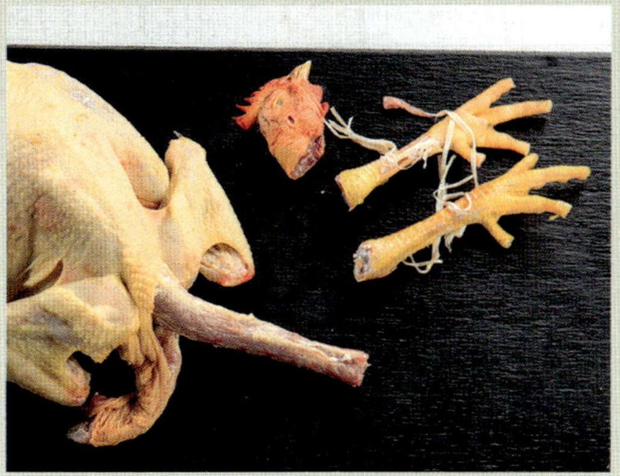

5. Abrir la piel del cuello a lo largo en la parte externa y cortar la cabeza. Partir el cuello en su base y cortar las patas por la articulación.

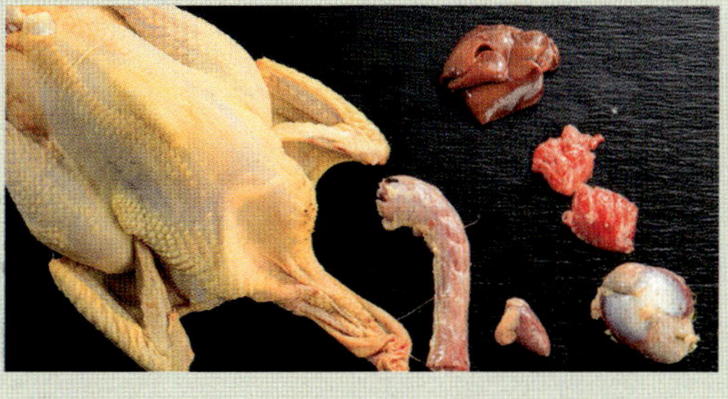

6. Retirar el corazón, el hígado, los pulmones y las mollejas.

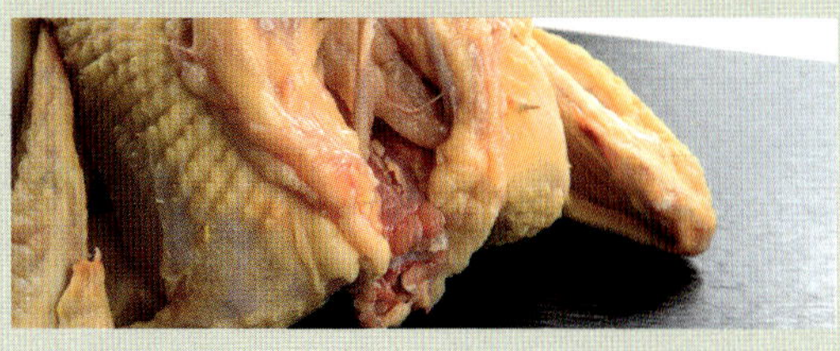

7. Pasar el dedo para notar el hueso del "tenedor" y hacer una incisión a cada lado del mismo para dejarlo visible. Despegar el hueso por la parte superior y bajarlo hasta que se disloque por abajo.

8. Cortar las primeras y las segundas falanges de las alas por las articulaciones.

9. Dislocar el hueso de los muslos del cuarto trasero, cortar la piel a media altura en la parte interna del muslo y separar el muslo raspando la carcasa con el cuchillo. Repetir la operación con el segundo muslo.

10. Separar el muslo y el contramuslo por la articulación.

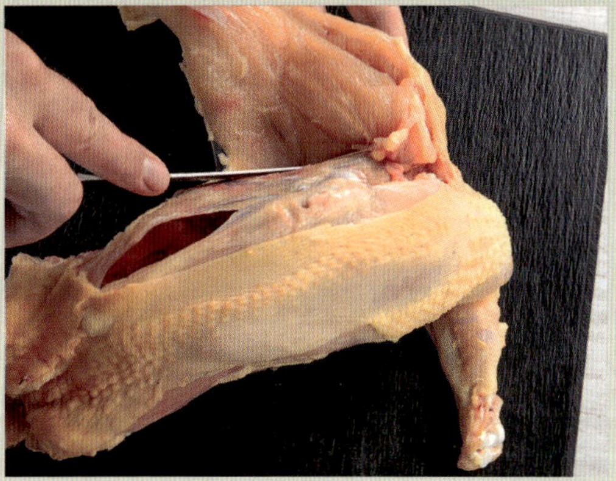

11. Pasar el cuchillo a lo largo del hueso de la quilla, abrir la pechuga y cortar hacia abajo. Seccionar por la articulación del ala y separar totalmente.

Repetir la operación con la otra pechuga.

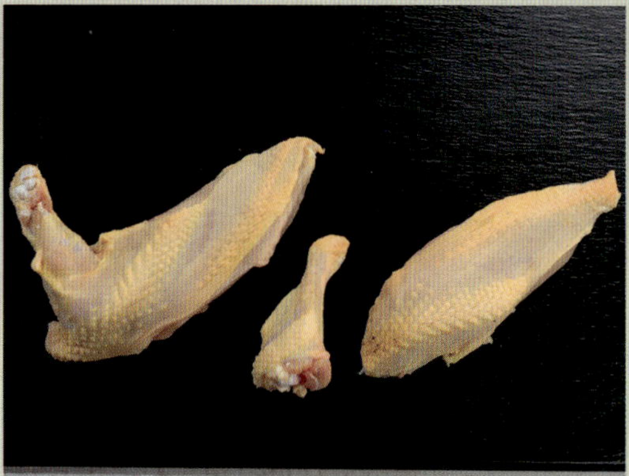

12. Separar el jamoncito del ala de la suprema para obtener una pechuga.

13. Limpiar la pechuga del nervio blanco en la parte del filete.

14. Cortar cada extremo de hueso de los muslos y manchonner para mejorar su presentación.

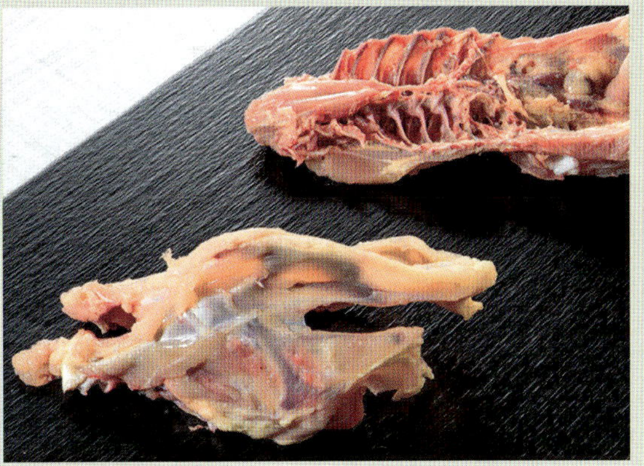

16. Separar la carcasa por la mitad, quitar el exceso de grasa y la piel, retirar los riñones y las partes sangrantes restantes.

15. Limpiar ambos extremos de las segundas falanges de las alas y quitar el hueso pequeño (radius).

Manchonner también los extremos de la tercera falange del ala.

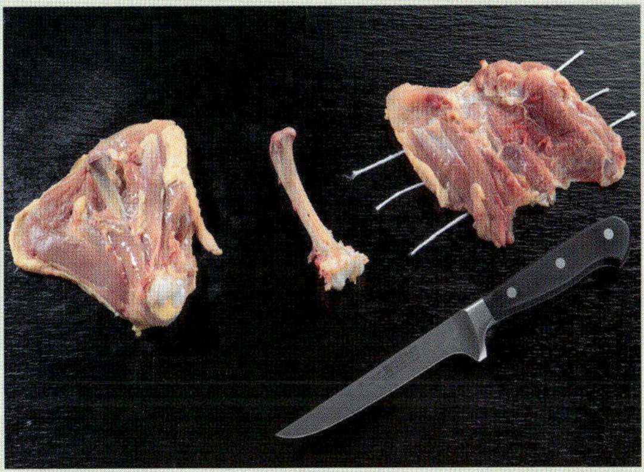

17. Deshuesar el contramuslo totalmente, enrollarlo sobre sí mismo y bridar.

Deshuese del carré de cordero

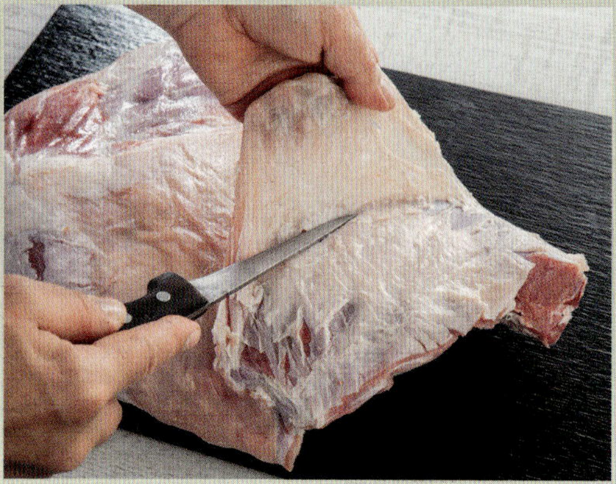

1. Despegar la piel del carré en una esquina (pergamino), levantar manteniendo bien estirado y cortar poco a poco. Separarlo del todo.

2. Cortar la parte sobrante de la falda.

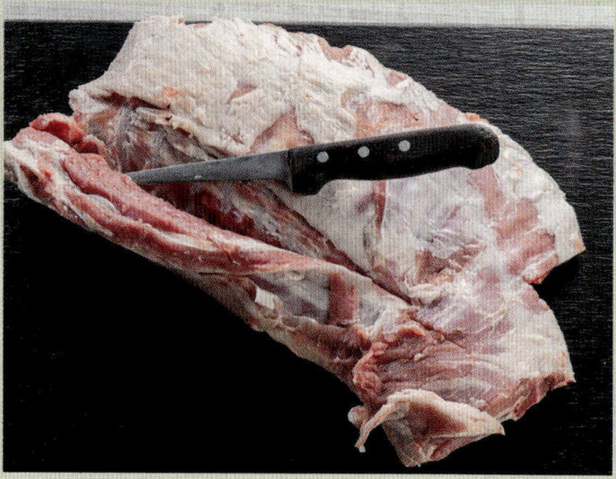

3. Voltear el carré y realizar una incisión a lo largo justo encima del lomo. Cortar siguiendo la línea de las costillas, pegado a los huesos, hasta despegar totalmente el lomo.

4. Separar el lomo del costillar.

5. Si se desea, separar con el hacha algunos huesos del costillar para la presentación.

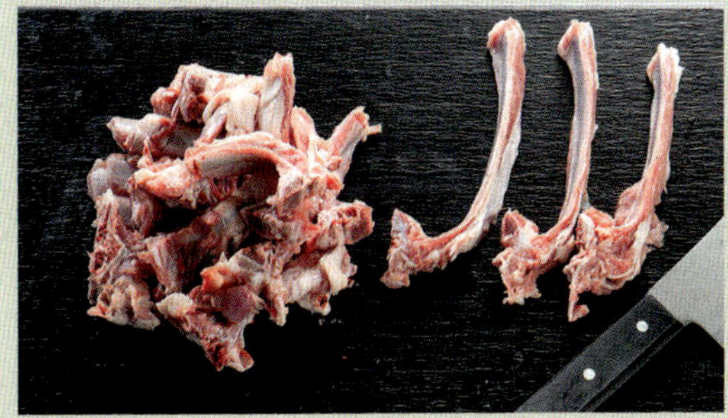

6. Partir el resto del costillar con el hacha.

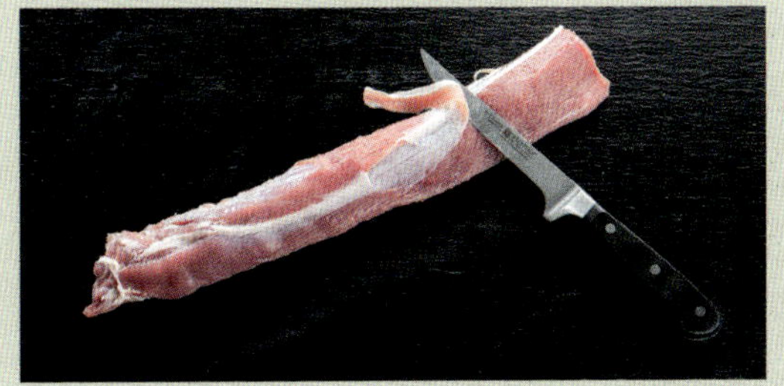

7. Limpiar el lomo pasando el cuchillo debajo de la membrana fina, colocar el cuchillo con un ángulo de 45 °C y bajar hacia el final del lomo.

8. Finalizar la limpieza del lomo.

9. Bridar el lomo a intervalos regulares con un doble nudo.

Deshuese de un conejo

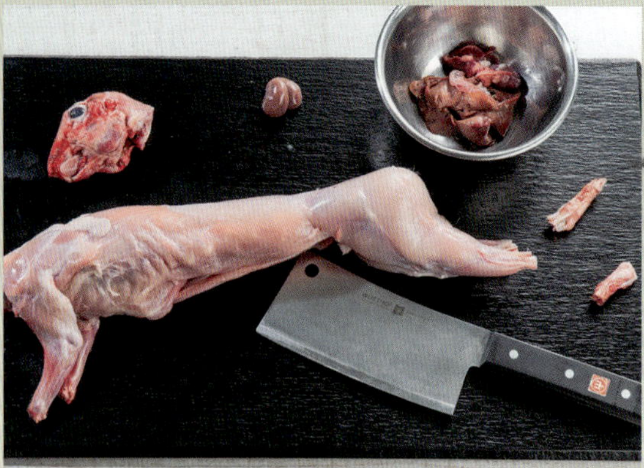

1. Partir la cabeza y extremos de las patas traseras. Sacar el corazón, los pulmones, el hígado y los riñones.

2. Dislocar la articulación de la pata trasera, abrirla y cortar empezando por la parte interna de la pata.

   Cortar los cartílagos y seguir raspando la carcasa. Repetir la operación con la otra pata.

   Cortar con el hacha la parte de la cadera.

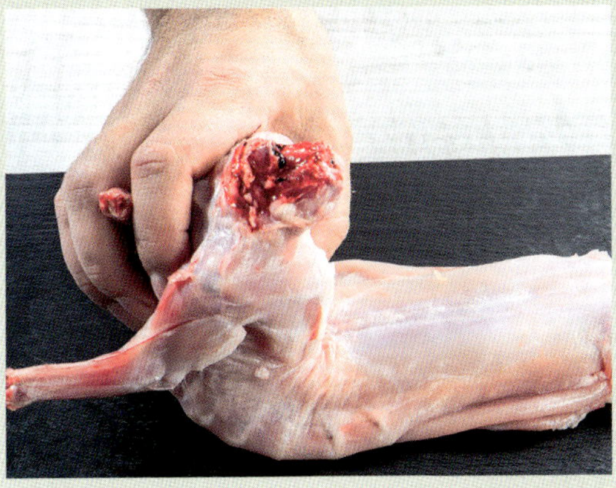

3. Plegar suavemente la columna del conejo hasta romperla.

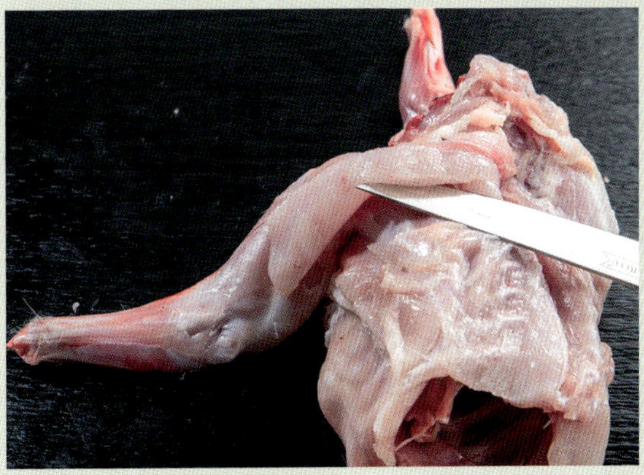

5. Separar las patas delanteras de la caja torácica. Sacar los dos lomos junto a la columna en la parte alta de las costillas.

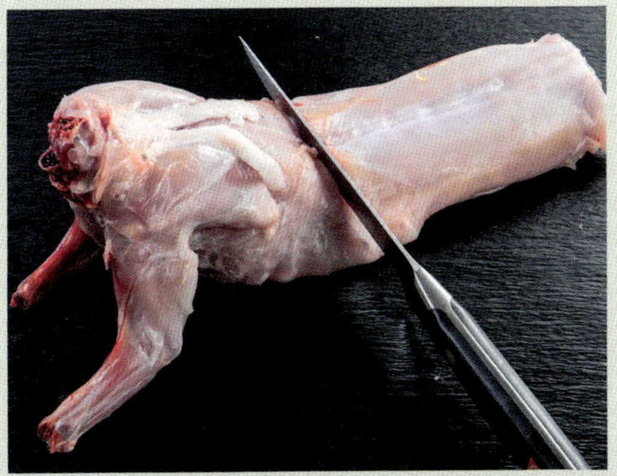

4. Cortar donde se rompió la columna y separar el râble.

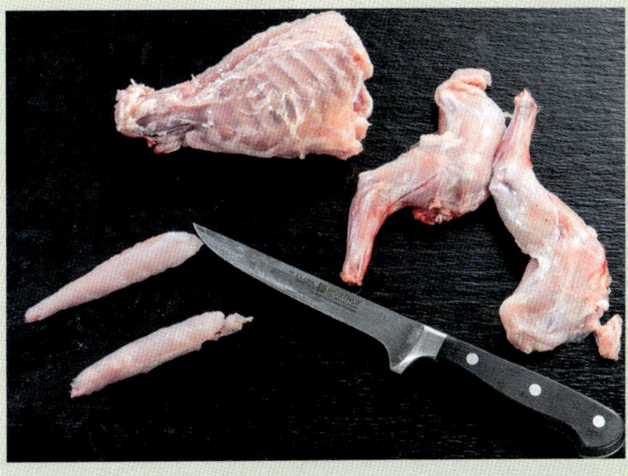

Cocción de un pulpo

INGREDIENTES

1 pulpo

1 cebolla

1 hoja de laurel

Granos de pimienta

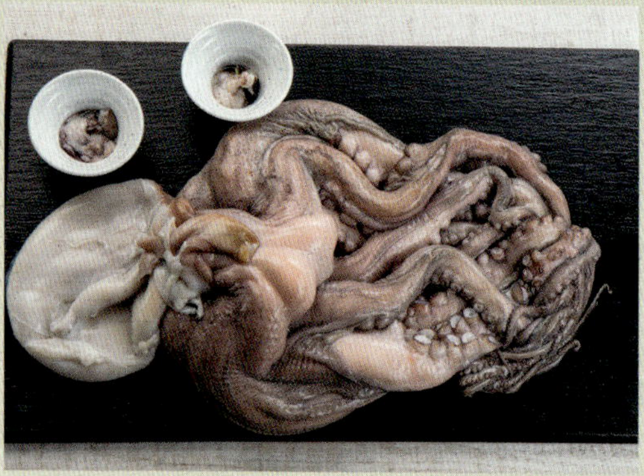

1. Retirar los ojos y la boca del pulpo. Limpiar perfectamente debajo de un chorro de agua fría, insistiendo en los tentáculos y en la parte interna de la cabeza.

2. Llevar a ebullición agua en una marmita muy amplia junto con los aromáticos.

   Introducir el pulpo en el agua hirviendo y cocinar lentamente sumergido del todo. Evitar remover o tocar el molusco durante la cocción para que no se desprenda la piel.

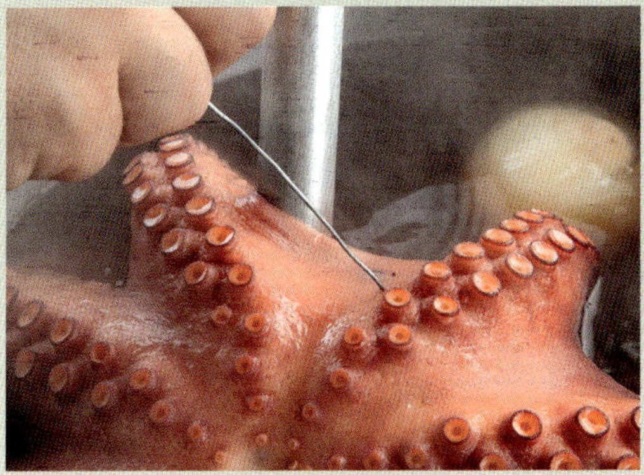

3. Comprobar su punto de cocción con una aguja de metal o una brocheta de madera, pinchando en la parte más gruesa.

Para obtener el punto adecuado del pulpo, la aguja debe entrar con facilidad, pero ofrecer algo de resistencia.

4. Retirar delicadamente el pulpo del agua y dejar enfriar a temperatura ambiente.

5. Cortar los tentáculos y la cabeza con unas tijeras y reservar en frío.

CONSEJO

Para obtener una carne tierna es imprescindible congelar el pulpo durante al menos 24 h para que se rompan las fibras musculares de los tentáculos.

Salmuera

1. Mezclar agua y sal, y calentarla hasta que la sal se disuelva completamente. Dejar enfriar.

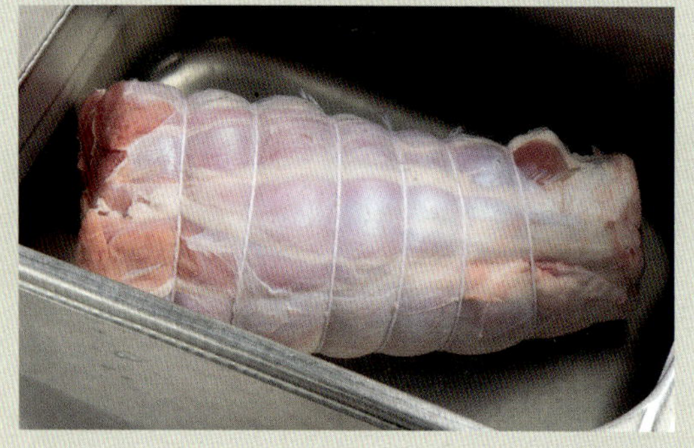

2. Bridar el jarrete (opcional).

   Poner el jarrete en la salmuera sin meter las manos dentro, y reservar en la nevera.

CONSEJO

La salmuera permite una repartición regular de la sazón y una conservación óptima. Así se obtiene una carne jugosa y sabrosa al cocerla.

El tiempo de macerado es variable dependiendo del tipo de carne que se utilice.

Jugo de cordero

1. Preparar una mirepoix de cebolla, puerro, apio y zanahoria, y partir los huesos del cordero.

2. Sellar perfectamente los huesos en aceite hasta obtener una coloración regular y bien dorada. Agregar la mirepoix y seguir sofriendo.

   Incorporar mantequilla y hacer espumar sin que se queme.

3. Escurrir los huesos del exceso de grasa y volver a introducirlos al cazo.

4. Cubrir los huesos con agua, hervir y espumar. Luego, cocer lentamente durante 2 h. Colar y reducir hasta conseguir una textura napante.

CONSEJO

Se puede sustituir el agua por caldo de ave o fondo de ternera.

Fondo blanco de ave

INGREDIENTES

1 kg de carcasas de ave

1 cebolla

1 zanahoria

1 tallo de apio

1 bouquet garni

2 clavos de olor

½ cabeza de ajo

Pimienta blanca en grano

1. Mise en place de los ingredientes. Partir la cebolla, la zanahoria y el apio en cuartos. Elaborar el bouquet garni. Limpiar las carcasas del exceso de grasa y de posibles vísceras, y partir los huesos de pollo con unas tijeras.

2. Pasar los huesos a una marmita, cubrir con agua y llevar a ebullición.

3. Espumar y desgrasar tantas veces como sea necesario. Desechar el agua y reservar los huesos y las verduras.

4. Pasar los huesos y la guarnición aromática a una marmita limpia. Cubrir con agua y cocer suavemente unas 2h 30 min.

5. Colar el caldo de ave por una estameña humedecida y enfriar rápidamente (vanner).

Fondo oscuro de ternera

INGREDIENTES

1 cebolla

1 zanahoria

1 tallo de apio

3 tomates

½ cabeza de ajos

1 bouquet garni

Huesos

300 g de jarrete de ternera (opcional)

30 g de concentrado de tomate

2 rodajas de manita de ternera

Pimienta negra en grano

2. Tostar los huesos y la carne a 200 °C en el horno hasta obtener una coloración regular. Desgrasar, añadir la mirepoix de verdura, el ajo, el concentrado de tomate y volver a tostar.

1. Mise en place de los ingredientes. Cortar la cebolla, la zanahoria y el apio en cuartos. Partir los tomates en octavos y la cabeza de ajos por la mitad. Realizar el bouquet garni y tostar la cebolla.

3. Pasar el contenido de la placa a una marmita junto con la manita de ternera y añadir el bouquet garni, pimienta, los ajos, la cebolla tostada y los tomates. Cubrir con agua y poner al fuego.

4. Llevar a hervor y cocerlo suavemente durante unas 6 h. Espumar y desgrasar el fondo tantas veces como sea necesario.

5. Pasar el fondo por un chino fino y enfriar rápidamente (vanner).

Fumet de pescado

INGREDIENTES

600 g de espinas de pescado blanco

100 g de mirepoix fina (cebolla, zanahoria y apio)

10 cl de vino blanco (opcional)

1 bouquet garni

1. Limpiar perfectamente las espinas, partirlas y reservarlas 20 min en un bol con hielo y agua. Luego, secarlas con papel absorbente.

2. Sudar la guarnición aromática sin que tome color. Añadir las espinas y pochar unos minutos más. Mojar, si se desea, con vino.

3. Verter agua hasta que cubra las espinas del todo y cocer lentamente durante 20 min sin dejar que hierva.

4. Quitar las impurezas con una espumadera, enjuagándola con agua cada vez.

5. Dejar reposar el caldo 5 min sin remover. Colar con cuidado a través de un chino fino o de una estameña.

CONSEJO

El fumet se realiza con pescados blancos o semigrasos como la lubina, el rodaballo, el lenguado, la merluza, etc.

Un tiempo de cocción alargado o demasiado agresivo hace que el fumet se enturbie y amargue.

Técnicas dulces

Atemperado del chocolate

1. Derretir chocolate negro al baño maría o en un microondas, procurando remover a menudo para que se funda y no se queme por exceso de calor. Lo ideal es que la temperatura final del chocolate derretido oscile entre los 50 y los 55 °C.

2. Añadir al chocolate derretido un poco del mismo chocolate sin derretir, preferentemente troceado.

3. Remover insistentemente hasta que el chocolate añadido se funda por completo. Para poder elaborar diferentes decoraciones, moldear y bajar la temperatura del chocolate derretido inicialmente a 32 °C.

4. Si durante su manipulación la temperatura desciende, es necesario calentar otra vez el chocolate para que suba de nuevo hasta los 32 °C.

CONSEJO

Secar muy bien toda la zona de trabajo para que no queden rastros de agua que puedan estropear el chocolate.

Merengue francés

INGREDIENTES

100 g de claras de huevos a temperatura ambiente
200 g de azúcar

1. Batir las claras hasta que estén bien montadas. Si se utiliza batidora eléctrica, usar la velocidad media para que la textura del merengue tenga firmeza.

2. Añadir el azúcar y mezclarlo bien. Terminar de montar las claras si el merengue no está lo suficientemente firme para utilizarlo.

Se pueden elaborar merengues secos o usarlos para otras elaboraciones.

Crema inglesa

INGREDIENTES

125 g de leche entera

125 g de nata

50 g de azúcar

40 g de yemas de huevo

1 vaina de vainilla

1. Batir muy bien el azúcar con las yemas.

2. Calentar la nata con la leche y la vainilla (antes de introducir la vainilla, abrir la vaina por la mitad y extraer las semillas para añadir ambas partes) sin dejar que hierva.

3. Colar la mezcla de los lácteos sobre la mezcla de las yemas, removiendo rápidamente para que estas no se coagulen.

4. Cocer en una cacerola pequeña a fuego bajo hasta que la crema espese sin dejar de remover con una lengua de silicona.

6. Cortar la cocción de la crema en un baño maría inverso, es decir, en un bol con agua fría con hielo. Remover sin parar hasta que la crema se enfríe.

5. Cuando la crema bañe la lengua y se pueda realizar con el dedo un trazo que no se desdibuje, retirar del fuego.

7. Reservar en la nevera.

Masa de hojaldre

INGREDIENTES

400 g de mantequilla para hojaldre

200 g de harina floja

200 g de harina de fuerza o panadera

190 g de agua

25 g de mantequilla

8 g de sal fina

1. Mezclar las harinas con la sal. Verter el agua apenas tibia y los 25 g de mantequilla derretida. Amasar inmediatamente hasta obtener una masa más o menos lisa.

2. Bolear la masa y realizar un corte en cruz en el centro. Proteger con film transparente y reservar en la nevera durante 15 min.

3 Mientras tanto, dar forma rectangular o cuadrada a los 400 g de mantequilla para hojaldre con un rodillo hasta que se ablande. Proteger con film transparente y reservar en la nevera hasta que la mantequilla recupere su textura firme.

4. Sacar la masa de la nevera y estirarla hasta que doble el tamaño de la mantequilla.

5. Poner la mantequilla en el centro de la masa y plegar sus laterales hasta cubrirla. Estirar hasta triplicar su largo, siempre espolvoreando harina para facilitar el trabajo.

6. Hacer una doble simple, es decir, doblar un tercio de la masa hacia el centro y luego el otro tercio restante hacia dentro.

7. Para obtener un hojaldre de calidad con suficientes capas, repetir este proceso de plegar la masa seis veces en total; es decir, seis dobleces simples.

CONSEJO

Es conveniente dejar reposar la masa en la nevera entre doblez y doblez para que pierda la posible elasticidad generada durante el proceso y, además, para que la mantequilla recupere su buena temperatura y pueda estirarse sin derretirse o ablandarse en exceso.

Avellanas caramelizadas

INGREDIENTES

250 g de azúcar

150 g de avellanas enteras y crudas

100 g de agua

20 g de mantequilla

1. Mezclar el agua y el azúcar en una cacerola pequeña o sartén.

2. Llevar a hervor durante 1 min y añadir las avellanas enteras. Mantener a fuego bajo removiendo lentamente hasta que se evapore todo el agua y el azúcar que envuelve las avellanas comience a caramelizar. El color va a depender de si se desean más o menos caramelizadas.

3. Antes de retirarlas de la cacerola, añadir la mantequilla sin derretir y remover hasta que se disuelva completamente.

4. Volcar la mezcla sobre un tapiz de silicona o una mesa aceitada y esperar a que se enfríen.

CONSEJO

Consérvalas en un bol o frasco hermético, protegido de la humedad.

Glosario

Agar-agar: Gelificante de origen vegetal extraído de algas rojas. Es importante hervirlo bien para rehidratarlo. Gelifica a los 35-40 ºC y, una vez gelificado, resiste hasta los 80 ºC.

Almíbar: Disolución de azúcar en agua. Se puede realizar tanto en frío como en caliente.

Amasar/Pétrir: Trabajar una masa con las manos o una amasadora hasta obtener una textura lisa y homogénea.

Apprêt: Segunda fermentación o fermentación final de las masas levadas ya moldeadas.

Aviar/Habiller: **1.** Fases preliminares de la preparación a la cocción de un ingrediente. **2.** Aves (éffilées). Flamear, desvenar, eviscerar. **3.** Pescados. Escamar, eviscerar, desbarbar, limpiar.

Baño maría: Método utilizado para calentar o conservar caliente un ingrediente o preparación, sumergiendo el recipiente que lo contiene en otro mayor con agua que se lleva o está en ebullición. Este sistema permite una cocción más suave y controlada de los productos.

Bavaroise: Postre frío a base de crema inglesa o puré de frutas, solidificado con gelatina y nata montada.

Bizcocho de soletilla: Bizcocho esponjoso de forma alargada a base de merengue empleado en diferentes postres como el tiramisú o la charlotte.

Blanquear: **1.** Verduras: Sumergir en agua hirviendo con sal durante un tiempo determinado (desde unos segundos hasta unos minutos, según se necesite) y refrescar en agua con hielo. **2.** Carnes: Sumergir en agua fría y llevar a ebullición algunas carnes o casquería para eliminar el exceso de sal, impurezas y/o contraer la carne. **3.** Mezclar yemas de huevo y azúcar hasta obtener una textura untuosa y evitar la cocción de la yema con el azúcar. **4.** Precocer un ingrediente en un baño de aceite a unos 120-140 ºC para facilitar su cocción más adelante.

Bolear/Bouler: El boleado es una operación de preformado en la que se prepara la pieza de masa dividida dándole homogeneidad, reorganización de la malla de gluten, algo de tenacidad y forma de bola.

Bouquet garni: Manojo de hierbas aromáticas (tallos de perejil, apio, tomillo, laurel) envuelto en el verde del puerro y atado con cuerda de cocina.

Braseado: Método de cocción que consiste en dorar la pieza y cocer con poca cantidad de caldo a fuego suave y tapado. Para finalizar se suele glasear la pieza con el propio fondo reducido.

Bridar/Brider: Atar con cuerda de cocina carne, pescados y verduras, con aguja o sin ella, para que mantengan su forma, y obtener así una cocción homogénea.

Brunoise: Tipo de corte de verduras en pequeños dados de 2 x 2 mm.

C.s: Cantidad suficiente.

Centrifugar: Separar los sólidos de los líquidos mediante una fuerza giratoria utilizando una licuadora.

Chatrer: Quitar el intestino de los crustáceos.

Chiffonade: Técnica de corte aplicada a ciertas hierbas y verduras de hojas, cortadas en tiras alargadas muy finas.

Cincelar: Realizar ligeras incisiones en la superficie de un género (entero o racionado) para facilitar su cocción.

Ciseler: 1. Cortar cebollas/chalotas finamente de forma regular. 2. Émincer en chiffonade.

Clavetear/Clouter: Técnica que consiste en clavar uno o varios clavos de olor en una cebolla para aromatizar.

Cocción a la inglesa: Cocer en agua hirviendo con sal. Luego, refrescar en agua con hielo.

Concasser: Picar grosso modo hierbas, tomates, frutos secos, etc.

Confitar: 1. Cocer un género sumergido en grasa a baja temperatura. 2. Cocer frutas en un almíbar a diferentes grados de densidad.

Coulis: Jugo concentrado de un alimento, generalmente fruta, utilizado para salsear o acompañar platos dulces o salados.

Dashi: Caldo base de la cocina japonesa.

Decantar: Pasar un líquido de un recipiente a otro sin que se mezclen los posos que se depositan en el fondo.

Dégorger: 1. Sumergir en agua fría una pieza de carne, huesos, espinas, etc., para que pierda la sangre y las impurezas. 2. Extraer el agua de vegetación de algunas verduras (pepino, berenjena) mediante sal gorda.

Desbarbar: Retirar las rebabas que sobresalen al exterior en la concha del mejillón.

Desespinar/Désarêter: Retirar las espinas clavadas en los filetes de pescado con unas pinzas.

Desglasar/Déglacer: Despegar la caramelización de los jugos (sucs) con un líquido (agua, vino o fondo) para poder disolverlos.

Desgrasar/Dégraisser: 1. Retirar el exceso de grasa resultante de un caldo, sopa o fondo. 2. Eliminar el exceso de grasa de una pieza de carne.

Deshidratar/Déshydrater: Extraer parte o la totalidad del agua de un producto.

Desvenar/Dénerver: Retirar los nervios, las venas, los vasos sanguíneos de carne, foie gras, etc.

Écussonner: Limpiar los tallos de espárragos de sus escamas.

Émincer: Tipo de corte en láminas finas y regulares de los bulbos o las raíces.

Emulsionar/Émulsionner: Mezclar de forma estable y homogénea dos líquidos que normalmente son inmiscibles entre ellos.

Encurtir/Confire au vinaigre: Método de conservación en medios ácidos de frutas, verduras o legumbres.

Escabechar: Cocer y/o conservar un género en un medio ácido y graso en distintas proporciones, pudiendo admitir gran variedad de aromáticos y verduras de condimentación.

Escaldar/Monder: Sumergir algunas frutas y/o verduras en agua hirviendo durante algunos segundos refrescándolos inmediatamente con el fin de facilitar su pelado.

Espumar/Écumer: Retirar las impurezas que suben a la superficie de un caldo o salsa en cocción.

Estameña: Tejido muy fino usado para filtrar líquidos.

Filetear/Étamine: Retirar los filetes de un pescado.

Forrar/Foncer: Cubrir las paredes interiores de un molde con un género para rellenarlo posteriormente.

Fraiser: Aplastar una masa con la palma de la mano para incorporar bien todos los elementos.

Freír/Frire: Cocinar un producto sumergiéndolo en aceite caliente.

Frémir: Punto previo a la ebullición.

Ganache: Emulsión estable de nata y chocolate.

Gélifier: Convertir un líquido en un gel.

Glasear/Glacer: Mojar una pieza de carne con su jugo de cocción reducido con el fin de crear una película brillante que lo recubra. En el caso de las verduras, el glaseado se hace con agua y mantequilla.

Gnocchi: Tipo de pasta italiana que se hace con harina, huevo, puré de patatas y queso.

Hervir: Método de cocción que se realiza sumergiendo un producto en agua hirviendo.

Infusionner: Introducir un ingrediente en un líquido caliente con el fin de que desprenda su sabor, aroma y color.

Katsuobushi: Láminas de bonito cocido, seco, fermentado y ahumado que se usa para aromatizar los caldos en la cocina japonesa.

Kombu: Variedad de alga marina.

La llave: Pliegue de la masa durante el moldeado.

Lechuga de mar: Variedad de alga marina.

Leudado: Fermentado de una masa con levadura.

Luter: Cerrar herméticamente un recipiente con un repère (mezcla de agua y harina) u hojaldre.

Majar: Triturar con la ayuda de un mortero.

Manchonner: Limpiar el extremo de un hueso para mejorar su presentación.

Mandolina: Laminadora que permite obtener láminas finas y regulares.

Marinada/Marinade: Base líquida aromatizada que puede estar compuesta de diferentes elementos (vinos, licores, guarnición aromática, hierbas aromáticas, aceites, ácidos...).

Marinar: Sumergir un género crudo en una marinada durante un tiempo determinado para aromatizarlo y ablandarlo.

Mirepoix: Guarnición aromática de verduras cortadas en cubos (normalmente zanahoria, cebolla y apio), cuyo tamaño dependerá de la elaboración y de su tiempo de cocción.

Mirin: Vino dulce japonés.

Mise en place: Elaboración de las tareas y preparaciones preliminares al servicio tanto del material como de los ingredientes.

Mojar/Mouiller: Añadir a una elaboración el líquido necesario para su cocción.

Moldear/Mouler: Dar forma a una elaboración con la ayuda de un molde.

Mousse: Preparación ligera y espumosa dulce o salada elaborada a partir de una base de nata montada, claras de huevo montadas, merengue o masa bomba (pâte à bombe).

Nacarar/Nacrer: Primer paso de cocción para el risotto que consiste en sudar el arroz hasta conseguir una tinta translúcida.

Napar/Napper: Recubrir totalmente una preparación con una salsa, crema, coulis o jalea.

Patata vitelotte: Variedad de patata con piel morada y una carne de color violeta.

Pergamino/Parchemin: Fina película de piel situada en la zona exterior del costillar de cordero.

Pilpil: Salsa emulsionada española realizada con el aceite y el jugo de la cocción (colágeno y agua) del propio bacalao confitado.

Pochar/Pocher: Método de cocción por el cual se sumerge un género en un líquido por debajo del punto de ebullición (agua/fondo...).

Pointer: Periodo de la primera fermentación que se sitúa entre el final del amasado y el comienzo del pesaje.

Poolish: Masa base realizada con harina, levadura y agua, que sirve para activar la masa principal y mejorar la textura y sabor de las elaboraciones.

Prensar/Presser: Colocar peso encima de una elaboración con el fin de comprimirlo y/o extraer líquido.

Quenelle: Forma ovalada confeccionada a partir de una mousse u otra mezcla utilizando dos cucharas para dar forma.

Quinoa: Semilla (pseudocereal) que proviene de una planta.

Râbat: Quitar los gases de la masa, plegarla.

Râble: Silla o parte central de la espalda de la liebre o del conejo.

Ralladura/Zest: Quitar la parte de la piel de los cítricos rallándolos o pelándolos.

Reducir/Réduire: Disminuir un líquido mediante su evaporación para concentrar su sabor.

Rehidratar/Réhydrater: Poner en remojo alimentos deshidratados con el fin de restablecer su humedad.

Rehogar/Etuver: Cocer un alimento con poca grasa a fuego lento y tapado para hacerlo con su agua de vegetación.

Rehogar: Método de cocción con poca grasa a baja temperatura, sin coloración y tapado.

Romper/Rabattre: Envolver una masa levada sobre sí misma para extraer el gas carbónico. Este proceso permite repartir uniformemente las levaduras e incorporar oxígeno para reanudar la siguiente fermentación.

Sablear/Sabler: Trabajar la mantequilla con ingredientes secos como la harina de trigo, la de almendras o azúcar, hasta obtener una textura arenosa.

Saisir: Empezar la cocción de un alimento a fuego fuerte.

Salazón: Cubrir de sal un alimento para favorecer su conservación.

Salmuera/Saumure: Mezcla de agua y sal que se emplea para encurtir, adobar, escabechar o preservar determinados alimentos.

Saltear/Sauter: Cocer rápidamente un género en poca grasa en una sartén o sautoir.

Saumurer: Sumergir un alimento en una salmuera.

Sudar/Suer: Cocinar verduras delicadamente en materia grasa para eliminar su agua de vegetación sin que adquieran color.

Tamizar: Pasar una preparación cruda o cocida por un tamiz para que quede lisa y homogénea.

Temperatura base: Resultado de sumar diferentes temperaturas (agua, harina y ambiente) que afectan a la temperatura final de la masa justo cuando se ha terminado de amasar. Cada tipo de masa tiene su temperatura de base ideal. Conociéndola podemos modificar la temperatura del agua y de esa manera, obtener la temperatura de base deseada.

Tornear/Tourner: Dar una forma regular y ovalada a las verduras para mejorar su presentación y regularizar su cocción.

Tourer: Técnica especifica del plegado de la masa del hojaldre y del croissant.

Vanner: Remover y bajar de temperatura rápidamente a una elaboración (crema o salsa) sobre un baño maría frío, para evitar el desarrollo de bacterias y la formación de una película o piel seca en la superficie.

Wakame: Variedad de alga marina.

Cuchillos

Hacha de cocina
Chaira de aflar
Cuchillo de sierra
Cuchillo cebollero
Cuchillo fileteador
Cuchillo deshuesador
Cuchillo puntilla

Cuchillo puntilla torneador
Tijeras
Descorazonador
Sacabolas o cuchara parisienne
Pelador
Pincel
Tenedor de carne
Manga pastelera
Set de boquillas
4-46

Índice alfabético

RECETAS

Atún rojo a la plancha con caviar de quinoa, pepino y algas, **161**

Bizcocho de chocolate Paludier, **203**

Brioche de mantequilla, **181**

Caballa marinada en jugo de remolacha, puré de cítricos y ensalada de hinojo, **27**

Cake de limón, **243**

Charlotte de frambuesas, **225**

Chipirones y cigalas en jugo de berberechos y salicornia, **155**

Chocolate en texturas con peras al azafrán, **249**

Codornices en escabeche, **57**

Conejo con aceitunas negras, flor de calabacín en tempura y concassé de tomate, **123**

Corona bordelesa, **265**

Crema de zanahoria, queso idiazábal y teja de pan, **93**

Croissants Le Cordon Bleu, **175**

Crujiente de merengue con crema de lichis y agua de rosas, **231**

Ensalada de sémola de trigo, tomates y aguacate, **15**

Filete de salmonete a la plancha, hinojo, salsa con azafrán y patata soufflé, **149**

Finger de té matcha y chocolate con leche, **219**

Foie gras de pato marmolado con puré de ciruelas pasas, **45**

Gamba de Denia con alcachofa al estilo barigoule, **33**

Gazpacho de fresas, almendras, nata agria y cítricos, **63**

Gnocchi de patata, pilpil de setas y fideo de ajo negro, **87**

Jarrete de ternera en cocotte lutée, **99**

Lomo de cordero con habas, berenjena y cebolla, **105**

Macarons de capuchino, **169**

Magdalenas con miel de acacia, **209**

Manitas de cerdo con trufa y lentejas beluga, **117**

Merluza en salsa verde intensa con dúo de espárragos, **137**

Milhojas con crema de vainilla y salsa de caramelo, **187**

Mousse de chocolate negro y naranja con calabaza, **197**

Pan de cacao con trozos de chocolate, **277**

Pan de cereales, **283**

Pan de tomate y albahaca, **259**

Pan vitalis, **271**

Panna cotta con queso crema y fruta de la pasión, **193**

Pollo de corral en salsa de mostaza, bok-choy y trigo, **111**

Pulpo con carrilleras y garbanzos, **129**

Risotto de espárragos y guisantes, **69**

Sopa de mejillones al curry, patatas vitelotte y mousse de coco, **21**

Soufflé al champagne, **213**

Steak tartar con yema inyectada y chips de vegetales, **39**

Tartaleta de chocolate, **237**

Tartaleta de tomates, queso de cabra y pesto, **75**

Tartaleta fina de champiñones, **51**

Tortellini de ricotta y espinacas con crema de parmesano, **81**

Vieiras con chirivía, vainilla y salsa de lima kaffir, **143**

TÉCNICAS

Atemperado del chocolate, **330**

Avellanas caramelizadas, **336**

Blanqueado de espárragos, **295**

Bouquet garni, **291**

Cartouche de papel, **301**

Cebolla o chalota picada (ciseler), **293**

Cebolla o chalota laminada (émincer), **292**

Clorofila, **299**

Cocción de un pulpo, **318**

Crema inglesa, **332**

Dados de pimiento rojo, **297**

Deshuese de un conejo, **316**

Deshuese del carré de cordero, **314**

Fideo de ajo negro, **308**

Fondo blanco de ave, **322**

Fondo oscuro de ternera, **324**

Fumet de pescado, **326**

Gajos de cítricos, **296**

Gnocchi de patata, **304**

Habillage y corte de ave, **310**

Jugo de cordero, **321**

Masa de hojaldre, **334**

Masa de pasta fresca, **306**

Masa quebrada y cocción a blanco, **302**

Merengue francés, **331**

Pelado de espárragos, **294**

Pesto de rúcula, **300**

Picado de hierbas frescas, **298**

Ricotta fresca, **309**

Salmuera, **320**

Tomate escaldado y concassé, **290**

Agradecimientos

Le Cordon Bleu y Espasa Libros, S. L. U. quieren agradecer al equipo internacional de chefs, presentes en más de veinte países y con más de treinta y cinco escuelas, que nos ha permitido escribir este libro gracias a su *savoir-faire* y su creatividad.

Queremos expresar nuestra gratitud al equipo de chefs de la escuela Le Cordon Bleu Madrid: Erwan Poudoulec, Yann Barraud, Franck Plana, David Millet, José Enrique González, Jean-Charles Boucher, Amandine Finger, Víctor Pérez, Carlos Collado y Natalia Vázquez.

A los chefs de Le Cordon Bleu París: Eric Briffard, MOF; Philippe Groult, MOF; Patrick Caals, Williams Caussimon, Didier Chantefort, Olivier Guyon, Franck Poupard, Christian Moine, Marc-Aurèle Vaca, Fabrice Danniel, Jean-François Deguignet, Xavier Cotte, Ollivier Christien, Oliver Mahut, Soyeon Park, Jean-Jacques Tranchant, Olivier Boudot, Frédéric Hoël y Vincent Somoza.

A los chefs de Le Cordon Bleu Londres: Emil Minev, Loïc Malfait, Eric Bediat, Anthony Boyd, David Duverger, Reginald Loos, Colin Westal, Julie Walsh, Graeme Bartholomew, Matthew Hodgett, Nicolas Houchet, Dominique Moudart, Olivier Mourelon, Colin Barnet, Jerome Pendaries, Nicholas Patterson y Javier Mercado.

A los chefs de Le Cordon Bleu Tokio: Guillaume Siegler, Yuji Toyonaga, Stéphane Reinat, Dominique Gros, Katsutoshi Yokoyama, Hiroyuki Honda, Manuel Robert, Kazuki Ogata, Jean Francois Favy, Gilles Company y Masaru Okuda.

A los chefs de Le Cordon Bleu Kobe: Jean Marc Scribante, Patrick Lemesle, Philippe Koehl y Vincent Koperski.

A los chefs de Le Cordon Bleu Ottawa: Herve Chabert, Aurélien Legué, Frederic Rose, Julie Vachon, Cristiana Solinas, Yannick Anton, Xavier Bauby, Stuart Walsh, Stephane Frelon, Nicolas Jordan, MOF, y Jason Desjardins.

A los chefs de Le Cordon Bleu Corea: Georges Ringeisen, Laurent Reze, Pierre Legendre, Alain Sanchez y Thierry Lerallu.

A los chefs de Le Cordon Bleu Perú: Jacques Decrock, Torsten Enders, Paola Espach, Clet Laborde, Jeremy Peñaloza, Javier Ampuero, Gregor Funke, Elena Braguina, Angelo Ortiz, Fabian Beelen, Gloria Hinostroza, Annamaria Domínguez, Franco Alva, Andrés Ortega, Daniel Punchin, Olivier Roseau, Andrea Winkelried, Christophe Leroy, Patricia Colona, Samuel Moreau, Martin Tufro y Juan Carlos Alva.

A los chefs de Le Cordon Bleu México: Arnaud Guerpillon, Denis Delaval, Omar Morales, Carlos Santos, Carlos Barrera, Cédric Carême, Richard Lecoq, Sergio Torres y Edmundo Martínez.

A los chefs de Le Cordon Bleu Tailandia: Christian Ham, Alex Ruffinoni, Marc Champiré, Willy Daurade, Supapit Opatvisan, Niruch Chotwatchara, Guillaume Ancelin y Wilairat Kornnoppaklao.

A las escuelas de Le Cordon Bleu Australia dirigidas por el chef Andre Sandison.

A los chefs de Le Cordon Bleu Shanghái: Philippe Clergue, Jerome Laurent, Fabrice Bruto, Jose Cau, Jean Michel Bardet, Nicolas Serrano, Régis Février, Jerome Rohard, David Oliver y Olivier Paredes.

A los chefs de Le Cordon Bleu Estambul: Eric Germanangues, Arnaud Declercq y Christophe Bidault.

A los chefs de Le Cordon Bleu Taiwán: Nicolas Belorgey y Sebastien Graslan.

A los chefs de Le Cordon Bleu Nueva Zelanda: Sébastien Lambert, Francis Motta, Paul Dicken, Vincent Boudet, Gabriel Chambers, Paul Vige, Michel Rocton, Thomas Holleaux y Michael Arlukiewicz.

A los chefs de Le Cordon Bleu Malasia: Rodolphe Onno, Sylvain Dubreau, Florian Guillemenot, Stéphane Alexandre y David Williams Morris.

Y a Chloe Bush, Kaye Baudinette y Andrea Loureiro, por su ayuda en la coordinación del proyecto.

Le Cordon Bleu Paris
13-15 Quai André Citroën
75015 Paris, France
T: +33 (0)1 85 65 15 00
paris@cordonbleu.edu

Le Cordon Bleu London
15 Bloomsbury Square
London WC1A 2LS
United Kingdom
T: +44 (0) 207 400 3900
london@cordonbleu.edu

Le Cordon Bleu Madrid
Universidad Francisco de Vitoria
Ctra. Pozuelo-Majadahonda
Km. 1,800
Pozuelo de Alarcón, 28223
Madrid, Spain
T: +34 91 715 10 46
madrid@cordonbleu.edu

Le Cordon Bleu Istanbul
Özyeğin University
Çekmeköy Campus
Nişantepe Mevkii, Orman Sokak, No:13,
Alemdağ, Çekmeköy 34794
Istanbul, Turkey
T: +90 216 564 9000
istanbul@cordonbleu.edu

Le Cordon Bleu Liban
Burj on Bay Hotel
Tabarja – Kfaryassine
Lebanon
T: +961 9 85 75 57
lebanon@cordonbleu.edu

Le Cordon Bleu Japan
Ritsumeikan University Biwako/Kusatsu
Campus
1 Chome-1-1 Nojihigashi,
Kusatsu, Shiga 525-8577, Japan
T: +81 3 5489 0141
tokyo@cordonbleu.edu

Le Cordon Bleu Korea
Sookmyung Women's University,
7th Fl., Social Education Bldg.,
Cheongpa-ro 47gil 100, Yongsan-Ku,
Seoul, 140-742 Korea
T: +82 2 719 6961
korea@cordonbleu.edu

Le Cordon Bleu Ottawa
453 Laurier Avenue East
Ottawa, Ontario, K1N 6R4, Canada
T: +1 613 236 CHEF (2433)
Toll free +1 888 289 6302
Restaurant line +1 613 236 2499
ottawa@cordonbleu.edu

Le Cordon Bleu Mexico
Universidad Anáhuac North Campus
Universidad Anáhuac South Campus
Universidad Anáhuac Querétaro Campus
Universidad Anáhuac Cancún Campus
Universidad Anáhuac Mérida Campus
Universidad Anáhuac Puebla Campus
Universidad Anáhuac Tampico Campus
Universidad Anáhuac Oaxaca Campus
Av. Universidad Anáhuac No. 46,
Col. Lomas Anáhuac, Huixquilucan,
Edo. de Mex. C.P. 52786, México
T: +52 55 5627 0210 ext. 7132 / 7813
mexico@cordonbleu.edu

Universidad Le Cordon Bleu Peru (ULCB)
Le Cordon Bleu Peru Instituto
Le Cordon Bleu Cordontec
Av. Vasco Núñez de Balboa 530
Miraflores, Lima 18, Peru
T: +51 1 617 8300
peru@cordonbleu.edu

Le Cordon Bleu Australia
Le Cordon Bleu Adelaide Campus
Le Cordon Bleu Sydney Campus
Le Cordon Bleu Melbourne Campus
Le Cordon Bleu Brisbane Campus
Days Road, Regency Park
South Australia 5010, Australia
Free call (Australia only): 1 800 064 802
T: +61 8 8346 3000
australia@cordonbleu.edu

Le Cordon Bleu New Zealand
52 Cuba Street
Wellington, 6011, New Zealand
T: +64 4 4729800
nz@cordonbleu.edu

Le Cordon Bleu Malaysia
Sunway University
No. 5, Jalan Universiti, Bandar Sunway,
46150 Petaling Jaya, Selangor DE,
Malaysia
T: +603 5632 1188
malaysia@cordonbleu.edu

Le Cordon Bleu Thailand
4, 4/5 Zen tower, 17th-19th floor
Central World
Ratchadamri Road, Pathumwan
Subdistrict, 10330
Pathumwan District, Bangkok 10330
Thailand
T: +66 2 237 8877
thailand@cordonbleu.edu

Le Cordon Bleu Shanghai
2F, Building 1, No. 1458 Pu Dong Nan
Road,
Shanghai China 200122
T: +86 400 118 1895
shanghai@cordonbleu.edu

Le Cordon Bleu India
G D Goenka University
Sohna Gurgaon Road
Sohna, Haryana
India
T: +91 880 099 20 22 / 23 / 24
lcb@gdgoenka.ac.in

Le Cordon Bleu Chile
Universidad Finis Terrae
Avenida Pedro de Valdivia 1509
Providencia
Santiago de Chile
T: +56 24 20 72 23

Le Cordon Bleu Rio de Janeiro
Rua da Passagem, 179, Botafogo
Rio de Janeiro, RJ, 22290-031
Brazil
T: +55 21 9940-02117
riodejaneiro@cordonbleu.edu

Le Cordon Bleu São Paulo
Rua Natingui, 862 Primero andar,
Vila Madalena, SP, São Paulo 05443-001
Brazil
T: +55 11 3185-2500
saopaulo@cordonbleu.edu

Le Cordon Bleu Taiwan
National Kaohsiung University of
Hospitality and Tourism
No.1, Songhe Rd
Xiaogang Dist., Kaohsiung City,
81271 Taiwan Region
T: +886 (07) 801 0909 / 0800-307688

Le Cordon Bleu Manila
G/F George SK Ty Learning Innovation
Wing, Areté, Ateneo de Manila University,
Katipunan Avenue 1108
Quezon City
Philippines
T: (+632) 8426.6001 loc. 5381 and 5384

www.cordonbleu.edu
e-mail: info@cordonbleu.edu